民國文化與文學 研究文叢

初 編

李 怡 主編

第 3 冊

民國經濟與現代文學（下）

李 怡、布小繼 主編

國家圖書館出版品預行編目資料

民國經濟與現代文學（下）／李怡、布小繼主編 — 初版 — 新
北市：花木蘭文化出版社，2012〔民101〕
目 2+188 面；19×26 公分
（民國文化與文學研究文叢 初編；第3冊）
ISBN：978-986-254-880-6（精裝）
1. 政治經濟學　2. 現代文學　3. 文學評論
541.26208　　　　　　　　　　　　　　　101012595

特邀編委（以姓氏筆畫為序）：

ISBN-978-986-254-880-6
9 789862 548806

丁　帆	王德威	宋如珊
岩佐昌暲	奚　密	張中良
張堂錡	張福貴	須文蔚
馮　鐵	劉秀美	

民國文化與文學研究文叢
初　編　第三冊　　　　　　　ISBN：978-986-254-880-6

民國經濟與現代文學（下）

作　　者　李怡、布小繼主編
主　　編　李　怡
企　　劃　北京師範大學民國歷史文化與文學研究中心（籌）
　　　　　四川大學民國文學暨海外漢學研究中心（籌）
　　　　　現代中國文化與文學研究中心
總 編 輯　杜潔祥
印　　刷　普羅文化出版廣告事業
出　　版　花木蘭文化出版社
發 行 人　高小娟
聯絡地址　新北市永和區中正路五九五號七樓
　　　　　電話：02-2923-1455／傳眞：02-2923-1452
網　　址　http://www.huamulan.tw 信箱 sut81518@gmail.com
初　　版　2012年9月
定　　價　初編18冊（精裝）新台幣30,000元

民國經濟與現代文學（下）

李怡、布小繼主編

目次

第三編　作家與經濟意識

壹、試論民國時期作家的「經濟意識」——以魯迅為例

王學東

摘　要

　　在影響現代文學的眾多因素中，民國經濟是其中一個研究不夠深入但又相當重要的影響因素。在以魯迅為代表的民國作家內在「經濟意識」裏，他們一方面以「中性金錢觀」，贏獲生命存在的基本條件；同時在另一方面，他們又在「劇烈的戰鬥」以爭取「經濟權」的過程中，釋放出獨立、自由的精神品格。由此，正是以魯迅為代表的民國作家的「經濟意識」，為現代文化「立人」這一宏大工程奠定了紮實而有效的良性推進空間。

關鍵字：民國時期作家，魯迅，經濟意識，中性經金錢觀，經濟權

一

在影響現代文學的眾多因素中，民國經濟是其中一個研究不夠深入但又相當重要的影響因素。

一方面，作為哲學社會科學研究領域，特別是文學研究領域來說，對於「經濟」這一事件具有一種複雜的心態。背靠著傳統文化長久和持續的「義──利」之爭這樣一種樣態，人文知識份子最後的結論總是「義」大於「利」，或者說「義」重於「利」。換言之，「言利」，更確切地說「談論經濟」、「談論金錢」，是人文知識份子不屑之事，乃至是一種可恥的行為。而且，「經濟學」本身又是一門有著自己獨特含義、範疇、邏輯、問題、方法和目標的學科。要想從「經濟學」進入文學，文學研究者須有一定的經濟學基礎和視野，方可登堂入室。但事實並非如此，大部分研究者並無完整的社會學、經濟學、政治學等知識結構以及相關視野。由此，「經濟學」特別是「金錢」與文學之間複雜關係的研究難以有縱深的推進。當然，現代文學研究界有著同樣的問題。

但是另一方面，經濟與文學之間又有著複雜而且重要的關係。以民國為例，「民國經濟」這一維度作為現代文學發展的重要背景，直接參與了現代文學發展的全過程，並影響甚大，這一研究視野就絕對不可漠視。從宏觀角度來說，民國政府的經濟體制、民國的經濟管理方式，造就了現代文學外在運行和傳播的獨特空間。對此，有學者從已經做出了非常清晰的闡述：「例如民國經濟形態所造就的文學機制。從1913年張謇擔任農商務部總長，提出原則上撤廢公營事業、優先振興民間企業起，側重以民營資本為主體的自由市場經濟體制便開始建立，後來國民政府的經濟管理高層如陳公博、宋子文等均大力鼓勵民營經濟的發展，反對強化國家對經濟的管理，抑制政府財政支出。其間雖有孔祥熙提出以化學工業為主導的國營企業發展計劃，有抗戰時期向計劃統治經濟的傾斜，但民營經濟發展的主導格局則基本確定。中國近現代的出版傳播業就是在這樣的格局中發展起來的，出版傳播業的民營性質雖然決定了文學的『市場利益驅動』，但讀者市場的驅動本身又具有多元化的可能性，較之於一元化思想控制的國家壟斷，這顯然更能為文學的自由發展提供較大的空間。」〔註1〕從微觀視野來看，民國作家的種種經濟行為、經濟事件、經濟意識又時時刻刻深刻

<hr />

〔註1〕 李怡：《從歷史命名的辨正到文化機制的發掘──我們怎樣討論中國現代文學的「民國」意義》，《文藝爭鳴》，2011年第13期。

地塑造了自我的精神氣質，造就了民國文學特有的內在精神面貌。由此，「民國經濟」是現代文學發展過程中的一個重大事件，沒有對民國經濟與民國文學複雜關係的深入考究，將難以把握民國文學的獨特意義。

總而言之，談民國經濟，是理解民國文學的一個相當重要的研究入口。研究現代文學，必須充分考慮民國經濟的重要影響。而思考「經濟學」與「文學」之間的複雜關係、影響，不但可以重新審視現代文學發展中獨特的「民國經濟因素」，也有著相當重要的現實意義。眾所周知，與「經濟」的聯姻甚至是勾結，已成爲當代文學發展的一個重要事實。甚至在一定程度上，當代的「文學」失去了自己的主體性，臣服於甚至歸併於「經濟」。那麼，反思現代文學與民國經濟之間關係的特點、規律和意義，就有著相當重要的價值。

二

鑒於民國經濟與現代文學這一問題的複雜與龐大，不僅涉及到民國時期宏大經濟制度問題，而且作家眾多，背景複雜，難以在一篇文章中作全面的考察。下面僅從魯迅入手，對以魯迅爲代表的民國作家的內在「經濟意識」，作一點粗淺的探討。

「經濟」這一角度，對於理解民國時期的作家魯迅的作品和思想至關重要。在對於魯迅與「經濟」關係的探討中，研究者們在這一領域做出了一些重要的開拓，對此研究有很多的啓迪。而從「經濟」角度，對於魯迅的研究，關涉到了以下一些內容。第一，正如甘智鋼所說，「日常生活中的借貸就是如此有機地滲入到他多樣文化生活中去的」〔註 2〕，他提出，「魯迅的思想、革命和文學實踐中怎樣最終地服務於經濟的」這樣一種「魯迅的經濟思想」。並指出，應注意魯迅的這一經濟思想所帶有的鮮明的倫理性質。同時，一些研究者關注到了魯迅的「金錢觀」，也涉及到對魯迅外在的經濟行爲思考。不過，甘智鋼從「經濟」出發，所提出的魯迅的經濟思想中「怎樣」的問題，還沒有得到進一步的解決。於是，就形成了第二種研究思路，直接從文本出發，探討魯迅的作品中所呈現出來的「經濟題材」和「內容」。研究者發現，「在《吶喊》和《彷徨》的 25 篇小說中，有 15 篇出現了金錢，比例爲 60%，甚至有些文本中金錢的出場次數超過了主要人物。」〔註 3〕進而，在這一發現的

〔註 2〕 甘智鋼：《魯迅的日常生活考證》，《魯迅研究月刊》，2006 年第 8 期。
〔註 3〕 周麗娜：《「世俗之神」的智性審視——魯迅小說中金錢話語的意蘊分析》，

基礎上，不但探討魯迅小說中的「經濟主題」，也展示魯迅小說所呈現的「經濟敘事」：「經濟不僅是魯迅小說表達的內容和主旨，不僅是其敘述的對象，還直接成爲魯迅小說的敘事推動力，承擔了諸多敘事功能。我們可以將之稱爲『經濟敘事』，以經濟作爲敘事元素之一，對故事的安排和處理獲得某種特定的情感與藝術效果。」〔註4〕這對深入理解魯迅作品和思想有著相當重要的意義。第三種研究思路是回到「經濟學」問題上，是從宏大經濟背景出發，研究魯迅生平和作品中所涉及的經濟問題本身。研究者發現，魯迅「提供了清末民初中國民間經濟生活的翔實資料」〔註5〕。這是對民國經濟問題探討的一個延伸領域，即通過「文學」來展示「民國經濟」的問題。總之，對於魯迅爲代表的民國作家的經濟倫理、經濟主題、經濟敘事等問題有著深入的思考。同時，這些研究對於「經濟」與「文學」關係這一問題的推進有著重要的意義。

那麼，回到問題的原點上，我們看到「經濟學」與「文學」之間複雜的關係問題還沒有得以呈現。要麼重視「文學作品」本身，看文學作品中的經濟主題、經濟敘事；要麼從「經濟學」本身出發，看經濟問題在文學中的展示。也就是說，魯迅的個體生命、社會文化是如何紮根於經濟的，這一經濟思考又是如何影響到文學的？ 換言之，以魯迅爲代表的民國作家有著怎樣獨特「經濟意識」？這一「民國經濟意識」對於民國文學的總體精神氣質有著怎樣的影響？

當然，對魯迅內在「經濟意識」的思考，也只是「民國經濟」與現代文學關係中一個切入點而已。換句話說，民國經濟體制對於文學的影響、民國作家的經濟書寫等問題也都是相當重要的問題圈，均值得我們關注。

三

那麼，以魯迅爲代表的民國作家，他們內心有著怎樣的「經濟意識」呢？

我們知道，在魯迅的生命歷程中，「金錢」是一個比較直接而且重要的影響因素，也是魯迅經濟意識形成的基點。早在1901年的詩歌《祭書神文》中，

《中南大學學報》，2009年第4期。

〔註4〕 壽永明、鄔賢堯：《經濟敘事與魯迅小說的文本建構》，《文學評論》，2010年第4期。

〔註5〕 曹斌：《魯迅小說中的數字》，《榆林高等專科學校學報》，2001年第3期。

魯迅寫道「錢神醉兮錢奴忙」〔註6〕。他直接描繪了他對於這個世界的總體認識：「錢」是這個世界運行的一個的重要中軸。「與錢照面」，應該是魯迅生命世界的第一個重要起點。與錢的複雜糾纏，也是魯迅生命的重要一面。我們非常熟悉的是他《吶喊》自序中的話：「有誰從小康人家而墜入困頓的麼，我以為在這途路中，大概可以看見世人的真面目。」〔註7〕可以說，魯迅的生命和思想一開始就陷入了與金錢緊密的關係之中。更重要的是，錢的影響投射到魯迅的整個生命歷程。直到晚年，魯迅在信中，仍然感慨道，「我其實是『破落戶子弟』」〔註8〕。不難看到，與「金錢」的複雜關係，規劃著魯迅的生命，也就成為思考魯迅內在「經濟意識」的一個極為重要的向度。

由此可以看到，魯迅的經濟意識，其思考的基礎首先不是一種「經濟學」意義上的經濟意識。在給姚克的信中，魯迅就曾說道，「即如我自己，何嘗懂得什麼經濟學或看了什麼宣傳文字，《資本論》不但未嘗寓目，連手碰也沒有過。」〔註9〕對於影響重大的經濟學經典著作《資本論》，魯迅清楚地表明瞭自己的態度，既沒有看過，也沒有深入研究的打算。可以說，魯迅並沒有致力於對於經濟學知識的完整系統學習，也沒有將自己思考的重心落腳於經濟學理論的構建。這就與當時活躍的政治家的「經濟意識」有了很大的區別。如孫中山，在他的「三民主義」理論中，其中一條「民生主義」就是一個完整的經濟學理論和系統的經濟建設方案。孫中山說，「民生主義講到歸宿，不得不解決土地和資本兩個問題。」〔註10〕由此，圍繞「平均地權」、「節制資本」兩個總要問題，孫中山展開了他對整個社會經濟改革、建設的構想，並在 1919 年編制完成了他對於整個中國經濟建設的藍圖《實業計劃》。與政治家的經濟意識相比，魯迅不但經濟學知識相對貧乏，而且也難以構建出一種經濟學理論，形成一套經濟建設計劃。

〔註6〕 魯迅：《祭書神文》，《魯迅全集・集外集拾遺補編》第 8 卷，人民文學出版社，1981 年，第 472 頁。

〔註7〕 魯迅：《吶喊・自序》，《魯迅全集》第 1 卷，人民文學出版社，1981 年，第 415 頁。

〔註8〕 魯迅：《致蕭軍》，《魯迅全集・書信》第 13 卷，人民文學出版社，1981 年，第 196 頁。

〔註9〕 魯迅：《致姚克》，《魯迅全集・書信》第 12 卷，人民文學出版社，1981 年，第 273 頁。

〔註10〕 孫中山：《總理全集》第 2 集，胡漢民主編，上海民智書局，1930 年，第 211 頁。

　　但是，最爲一名公共知識份子，魯迅的「經濟意識」，當然就不是經濟學理論、經濟建設方面的思考。魯迅的經濟意識，其起點是對經濟活動中重要的媒介的「貨幣」，也就是「金錢」的思考。我們首先應該看到，魯迅對於貨幣的思考，也決不是要從經濟學建構出一套貨幣理論，或者說貨幣改革方案。重要的是，在魯迅的思考中，他是要建構出一套在文化學的「金錢理論」，或者說一種文化學意義上的「金錢改革方案」。

　　在我看來，魯迅文化學意義上「金錢理論」的基礎含義就是，從金錢與生命的關係來看，「金錢是中性的」。也就是說，「金錢」本身決無任何感情色彩，並不善、也不惡，它就是生命存在的第一要義。魯迅一方面激勵地批判了那種帶有感情色彩「金錢理論」。他在寫給蕭軍的信中說道，「契訶夫的想發財，是那時俄國的資本主義已發展了，而這時候，我正在封建社會裏做少爺。看不起錢，也是那時的所謂『讀書人家子弟』的通性。」〔註 11〕進而，在另一方面，他將「金錢理論」坐實爲「吃飯理論」：「錢這個字很難聽，或者要被高尚的君子們所非笑，但我總覺得人們的議論是不但昨天和今天，即使飯前和飯後，也往往有些差別。凡承認飯需錢買，而以說錢爲卑鄙者，儻能按一按他的胃，那裡面怕總還有魚肉沒有消化完，須得餓他一天之後，再來聽他發議論。」〔註 12〕我們可以說「金錢」有善、惡之別，在言談的時候可以大肆討伐之、攻擊之。但是「吃飯」就不再具有感情色彩了，這一行爲就是生命存在的基礎。這是任何人都不能忽視的生命基點。所以魯迅說，「一要生存，二要溫飽，三要發展，苟有阻礙這前途者，無論是古是今，是人是鬼，是《三墳》《五典》，百宋千元，天球河圖，金人玉佛，祖傳丸散，秘製膏丹，全都踏倒他。」〔註 13〕因此，我們看到，魯迅在討論「娜拉問題」的時候，其實也是在討論「人的問題」，或者說「金錢與人的關係」的問題。「她還須更富有，提包裏有準備，直白地說，就是要有錢。夢是好的；否則，錢是要緊的。」〔註 14〕魯迅說「錢是要緊的」，而沒有說「錢是對的」、「錢是錯

〔註 11〕魯迅：《致蕭軍》，《魯迅全集·書信》第 13 卷，人民文學出版社，1981 年，第 196 頁。

〔註 12〕魯迅：《娜拉走後怎樣》，《魯迅全集·墳》第 1 卷，人民文學出版社，1981 年，第 160～161 頁。

〔註 13〕魯迅《忽然想到》，《魯迅全集·華蓋集》第 3 卷，北京：人民文出版社，1981 年，第 45 頁。

〔註 14〕魯迅：《娜拉走後怎樣》，《魯迅全集·墳》第 1 卷，人民文學出版社，1981 年，第 160 頁。

的」，也沒有說「錢是善的」、「錢是惡的」，這表明了魯迅對於金錢的一種清醒的中性觀念。在這一中性認識過程之中，魯迅不但承認「金錢」作爲生命基座的地位，而且也積極鼓勵人對於金錢的追求。

據馮雪峰的回憶，魯迅曾說過，「窮不是好，要改變一向以爲窮是好的觀念，因爲窮就是弱。」〔註15〕金錢是中性的，一個生命個體必須盡力掌握金錢。魯迅甚至對日本友人增田涉說，「現金應盡可能掌握在自己手中，這是積五十年之經驗所發明，盼望你也實行之。」〔註16〕金錢不但可以保存生命，而且可以完善生命。由此，魯迅「經濟意識」的基本觀點是，追求金錢、佔有金錢是生命最基本，而且也是最重要的活動。

四

值得注意的是，魯迅中性的「金錢理論」所呈現出來的「吃飯理論」，又並非一種「唯飯史觀」。魯迅在給青年設計的方向「一要生存，二要溫飽，三要發展」三事背後，更指出了他的具體目標，「就是：我之所謂生存，並不是苟活；所謂溫飽，並不是奢侈；所謂發展，也不是放縱。」〔註17〕這裡，魯迅區別了「經濟意識」中兩個向度及其差別：一是「生存──苟活」，二是「溫飽──奢侈」。這使得他的「中性金錢」理論更富張力，也更有現實針對性。

在與陳西瀅的論戰中，魯迅就曾諷刺過他的「唯飯史觀」〔註18〕。並且，魯迅在他的書信中，多次提到了「吃飯理論」與「生命本身」的區別。在給許壽裳的信中魯迅說到，「爲求生活之費，僕僕奔波，在北京固無費尙有生活，今乃有費而失去了生活，亦殊無聊。」〔註19〕在給李小峰的信他也提到，「現在只是編講義。爲什麼呢？這是你一定了然的：爲吃飯。吃了飯爲什麼

〔註15〕 馮雪峰：《魯迅先生計劃而未完成的著作》，上海《宇宙風》十日刊，1937年10月15日，第50期。

〔註16〕 魯迅：《致增田涉》，《魯迅全集·書信》第13卷，人民文學出版社，1981年，第489頁。

〔註17〕 魯迅：《北京通信》，《魯迅全集·華蓋集》第3卷，人民文學出版社，1981年，第51～52頁。

〔註18〕 魯迅：《附錄：大衍發微》，《魯迅全集·而已集》第3卷，人民文學出版社，1981年，第580頁。

〔註19〕 魯迅：《致許壽裳》，《魯迅全集·書信》第11卷，人民文學出版社，1981年，第485頁。

呢？儻照這樣下去，就是爲了編講義。吃飯是不高尚的事我倒並不這樣想。然而編了講義來吃飯，吃了飯來編講義，可也覺得未免近於無聊。」以及在與許廣平的通信中，他也發出了同樣的感慨，「我想：一個人要生活必須有生活費，人生勞勞，大抵爲此。但是，有生活而無『費』固然痛苦；在此地則似乎有『費』，而沒有了生活，更使人沒有趣味了。」〔註20〕這就是「唯飯史觀」，具體來說，就是「費」、「飯」成爲了壓制、壓抑生命之物，讓生活變得無聊、無趣、無味。這樣的「吃飯理論」是魯迅堅決反對的，因爲「生存」絕不等於「苟活」。

更重要的是，在這樣一種中性「金錢理論」之下，魯迅展開了對於「非中性金錢理論」的反思和批判，最終形成了一種獨特文化學意義「經濟意識」。

第一是對跪倒在金錢之下的金錢崇拜之心的「非中性金錢理論」批判。這一文化意義上的「金錢意識」，甚至成爲「國民性」體現。中國國民性正是在崇拜金錢心理之下，泯滅掉了人性。學校的運行機制是這樣，「學校是一個秘密世界，外面誰也不明白內情。據我所覺得的，中樞是『錢』，繞著這東西的是爭奪，騙取，鬥寵，獻媚，叩頭」〔註21〕在「金錢」這一根指揮棒下，人失去了人性。但何止是學校這樣？整個社會的風氣都是這樣。魯迅在索薪事件中，記錄下了自己的真實的感受，「只要有銀錢在手裡經過，即使並非檀越的布施，人是也總愛逞逞威風的，要不然，他們也許要覺到自己的無聊，渺小。明明有物品去抵押，當鋪卻用這樣的勢利臉和高櫃檯；明明用銀元去換銅元，錢攤卻帖著『收買現洋』的紙條，隱然以『買主』自命。錢票當然應該可以到負責的地方去換現錢，而有時卻規定了極短的時間，還要領簽，排班，等候，受氣。」〔註22〕可以說，魯迅對於「國民性」的反思是建立在對於國人「經濟意識」、「金錢理論」的基礎之上。由此，魯迅不僅在作品中大量展示了國人的「金錢心理」，而且進一步深入到對於「金錢」之下國民性的挖掘和批判。

第二種「非中性金錢理論」，是鄙視「金錢」、忽視現實生活的超越精神，

〔註20〕 魯迅：《兩地書》，《魯迅全集·書信》第 11 卷，人民文學出版社，2005 年，第 556 頁。

〔註21〕 魯迅：《致翟永坤》，《魯迅全集·書信》第 11 卷，人民文學出版社，1981 年，第 526 頁。

〔註22〕 魯迅：《記「發薪」》，《魯迅全集·華蓋集續編》第 3 卷，人民文學出版社，1981 年，第 349 頁。

魯迅也對此也進行了批判。「『採菊東籬下，悠然見南山』是淵明的好句，但我們在上海學起來可就難了。沒有南山，我們還可以改作『悠然見洋房』或『悠然見煙囪』的，然而了要租一所院子裡有點竹籬，可以種菊的房子，租錢就每月總得一百兩，水電在外；巡捕捐按房租百分之十四，每月十四兩。單是這兩項，每月就是一百十四兩，每兩作一元四角算，等於一百五十九元六。近來的文稿又不值錢，每千字最低的只有四五角，因爲是學陶淵明的雅人的稿子，現在算他每千字三大元罷，但標點，洋文，空白除外。那麼，單單爲了採菊，他就得每月譯作淨五萬三千二百字。吃飯呢？要另外想法子生發，否則，他只好『饑來驅我去，不知竟何之』了。」〔註23〕在此，魯迅不厭其煩地列舉了日常生活中的具體花費，從房租、水電費、巡捕捐等這樣一些花銷，眞實地展示了迴避金錢的生活是不可能的，也是虛幻的。堅持「金錢生存論」這樣一種「經濟意識」，始終是魯迅的一貫主張。

在此，從這一系列具體的金錢數字出發，我們看到了魯迅對於「非中性的金錢理論」傳統文化的批判。比起傳統文化對「雅」的追求來說，維持生命的「肚子」顯得更爲重要。魯迅指出，『雅』要地位，也要錢，古今並不兩樣的，但古代的買雅，自然比現在便宜；辦法也並不兩樣，書要擺在書架上，或者拋幾本在地板上，酒杯要擺在桌子上，但算盤卻要收在抽屜裡，或者最好是在肚子裡。此之謂『空靈』。」〔註24〕眾所周知，以小農經濟爲主的中國社會中，在傳統哲學的「中庸」、「天人合一」、「修心」、「輪迴」等思想，以及傳統的文人政治等的種種合力之下，「空靈」成爲了中國古代一種重要的審美範疇。同時，這一概念也是中國傳統文化生發出來的一種獨特的生命意識。這就是順應宇宙萬物變化，遵從天命，與天地萬物合一而並生，形成一種寧靜的生命形態，達到生命與自然之間的親密無間和諧共一。但問題在於，在現代工業化、商業化、城市化的進程中，不但傳統文化的生成環境已經被打破，而且傳統的生活方式也完全轉變。換句話說，現代生活的更直接、更密切地與「經濟」聯繫在了一起。如果離開了「金錢」，很難眞實地談論現代生活，更難以在現代生活中找尋到「雅」的世界。

〔註23〕 魯迅：《病後雜談》，《魯迅全集·且介亭雜文》第 6 卷，人民文學出版社，1981年，第 164 頁。
〔註24〕 魯迅：《病後雜談》，《魯迅全集·且介亭雜文》第 6 卷，人民文學出版社，1981年，第 164 頁。

五

　　魯迅在「中性金錢觀念」這樣一種「經濟意識」之下，既反對對於金錢孜孜以求的功利態度，也反對對於金錢的嗤之以鼻的態度。並且，魯迅這樣的「經濟意識」形成了一種特別的「金錢理論改革方案」。可以說他的「金錢理論改革方案」，蘊含著一種宏大而深刻的文化關懷。進而，這種文化關懷也造就出以魯迅爲代表的民國作家獨特的精神氣質。

　　魯迅宏大的文化關懷在於「立人」。如果結合魯迅的「經濟意識」，那麼我們對他的「立人」思想將有著更爲深刻的理解。他說，「是故將生存兩間，角逐列國是務，其首在立人，人立而後凡事舉，若其道術，乃必尊個性而張精神。」〔註25〕我們曾經將魯迅的「立人」思想，緊緊地綁定在「尊個性」和「張精神」之上。而問題是，我們又該如何「尊個性」和「張精神」？換言之，魯迅「立人」中的「尊個性」和「張精神」又該從何處著手呢？此時魯迅的「經濟意識」形成的一種獨特的文化學意義上的「金錢理論改革方案」，對於魯迅「立人」之思指出了一個明確的方向。「經濟權」的獲得，正是魯迅「金錢理論改革方案」的一個重要體現，也是魯迅「立人」思想的重要前提。也就是說，魯迅的「立人」，其奠基工作是對於大眾「經濟意識」的喚醒。更準確地說，是喚醒大眾「經濟意識」中對於「經濟權」的要求、參與、斗爭和獲得。

　　再次回到「娜拉問題」上，「娜拉問題」的最終解決方案，就是要獲得經濟權。魯迅決絕地說道，「所以爲娜拉計，錢，——高雅的說罷，就是經濟，是最要緊的了。自由固不是錢所能買到的，但能夠爲錢而賣掉。人類有一個大缺點，就是常常要饑餓。爲補救這缺點起見，爲準備不做傀儡起見，在目下的社會裡，經濟權就見得最要緊了。第一，在家應該先獲得男女平均的分配；第二，在社會應該獲得男女相等的勢力。」〔註26〕這裡，魯迅把「錢」、「經濟」、「經濟權」這樣三個問題何在一起，使極富啓示意義的。說到底，魯迅的「金錢觀」和「經濟意識」，就是一種「經濟權利」的獲得。在「娜拉問題」上，魯迅將這種「經濟權」具體展現爲兩個方面，一是男女平均的分配，二是男女相等的勢力。這背後隱含的就不是男女之間女性「經濟權」問

〔註25〕魯迅：《文化偏至論》，《魯迅全集‧墳》第 1 卷，人民文學出版社，1981 年，第 57 頁。

〔註26〕魯迅：《娜拉走後怎樣》，《魯迅全集‧墳》第 1 卷，人民文學出版社，1981 年，第 161 頁。

題的改革和解決方案，而是整個社會中「人的經濟權」問題改革和解決的方
案。那麼，對於「人的經濟權」來說，一是人與人平均的分配，二是人與人
相等的勢力。儘管在我們看來，這樣的「人的經濟權」改革方案還比較的簡
單，但是，魯迅以獨特的「經濟意識」展示了「立人」的根基在於「經濟權」，
這對於整個文化的建設有著不可替代的，而且是至關重要的作用。

比起簡單地設計出一條文化上的「金錢理論改革方案」來說，眞正去爲
「經濟權」而努力、吶喊、抗爭就更值得我們關注和敬佩。魯迅清楚地看到，
「要求經濟權固然是很平凡的事，然而也許比要求高尚的參政權以及博大的
女子解放之類更煩難。」「經濟權理論」並不高深，要求「經濟權」也屬通常
之事，但這背後有著相當沉重的壓力。以至於比「參政權」更難以獲得。但
是，作爲一個生命存在基礎的「經濟權」，卻又是不能夠丟掉的，而且是必須
要去追求和贏得的。因此魯迅給出了他的另外一種思考，「可惜我不知道這權
柄如何取得，單知道仍然要戰鬥；或者也許比要求參政權更要用劇烈的戰鬥。」
〔註27〕這就是魯迅給出的一個最重要的「經濟權」解決方案，也是經濟權獲
得的一個最終方案：即「戰鬥」、「劇烈的戰鬥」。

特別值得注意的是，魯迅一生中的幾次重要的「經濟事件」，不僅僅是簡
單地再現來魯迅的「經濟意識」，而且體現了他對於「經濟權」方案的「實踐
精神」和「戰鬥精神」。一是索薪事件。1912 年 8 月 26 日，教育部任命魯迅
爲社會教育司第一科科長。但是，由於當時政局變動，內閣更替頻繁。據《中
華民國史》記載，從 1912 到 1928 年，北京政府的元首就有 13 屆，國務總理
達 43 屆至多〔註28〕。在這樣的環境之下，教育經費時時得不到保障。北洋政
府從 1919 年開始欠薪。從 1921 年開始，魯迅參加了北京高校教師的索薪運
動，赴國務院索薪。之後教育部免去魯迅教育部的職位，以此來威脅魯迅。
魯迅由此直接控告北洋政府拖欠教育經費行爲，並發表了文章，捍衛自己的
經濟權利。面對著強大的政府，魯迅依然毫不妥協，維護自己的經濟權利。
這是魯迅爲了維護「經濟權」的一次重大的鬥爭。另一次是版稅事件。本來，
北新書局老闆李小峰，既是他的學生，也是他的朋友。而且他也爲魯迅作品
和刊物的出版做出了很大的貢獻。像魯迅的《吶喊》、《中國小說史略》、《彷

〔註27〕 魯迅：《娜拉走後怎樣》，《魯迅全集·墳》第 1 卷，人民文學出版社，1981
年，第 161 頁。
〔註28〕 朱漢國主編：《中華民國史·第十冊·志》，四川人民出版社，2006 年。

徨》、《華蓋集》等文集，以及《語絲》、《奔流》等刊物，都是由李小峰創辦
的北新書局出版。在出版的過程中，李小峰為首的北新書局有意無意地拖欠
了魯迅著作的版稅。對此，魯迅對事不對人，堅決維護自己的「經濟權」。於
是，他聘請了律師楊鏗，把李小峰告上了法庭，以獲得自己應有的「經濟權」。
儘管最後是李小峰提議，由章川島、郁達夫見證，這次版稅事件獲得了庭外
和解，結清了拖欠魯迅的著作版稅。但是，我們看到，魯迅在「經濟權」問
題上的明確而堅定的態度。那就是，「經濟權」就是生命權，必須予以堅決捍
衛，以至是以「劇烈的戰鬥」來捍衛。由此我們看到，在魯迅的「金錢理論
改革方案」中，「經濟權」更重要的是一種行動，一種為了生命權利的抗爭行
動。而且這種為了「經濟權」的抗爭行動，必須要每一個人都有一種堅決地
戰鬥精神才能最終獲得。

正是魯迅這樣的為了「經濟權」而「劇烈的戰鬥」的「經濟意識」，為現
代文學家或者說民國作家帶來了一種獨特的精神特質。正如陳明遠所說，「我
在牛棚裏算清了魯迅一生的經濟賬目，才睜開眼睛看清：離開了錢的魯迅，
不是完整的魯迅、更不是真正的魯迅。在殘酷無情的法西斯文化圍剿之中，
魯迅能夠自食其力、自行其是、自得其樂，堅持了他的自由思考和獨立人格。
這使他永遠成為文化人的榜樣。」〔註29〕 「經濟意識」不但支撐起了魯迅的
整個「立人」這樣一個宏大的文化理念，而且也造就了魯迅獨特的精神品格。

總而言之，我們看到，在「民國經濟」與現代文學關係的思考中，作家
的「經濟意識」是其中非常重要的一個組成部分。這一民國作家內在的經濟
意識，與民國時期龐大的外在經濟體制一起組建出現代文學重要的精神空間
和社會氛圍。在以魯迅為代表的民國作家內在「經濟意識」裡，他們一方面
以「中性金錢觀」，贏獲生命存在的基本條件；同時在另一方面，他們又在「劇
烈的戰鬥」以爭取「經濟權」的過程中，釋放出獨立、自由的精神品格。由
此，正是以魯迅為代表的民國作家的「經濟意識」，為現代文化「立人」這一
宏大工程奠定了紮實而有效的良性推進空間。

【作者簡介】

王學東（1979～），男，四川樂山人，文學博士，西華大學人文學院講師，
主要研究中國新詩、現代文化。

〔註29〕陳明遠：《魯迅一生掙多少錢》，《讀寫天地》，2007年第2期。

貳、無望的塑造：孔乙己的金錢、身體與身份

任湘雲

摘　要

　　本文力圖從金錢影響和身份認同的角度對《孔乙己》描述的生存世界和孔乙己的悲劇意義做出新的考察，認爲金錢作爲人類社會中的一種特殊的力量，影響、制約著孔乙己所在世界人們的精神、身體活動甚至整個生活方式。同時，科舉制度、長衫人物、短衣幫、酒店掌櫃和小夥計等從不同角度形成無所不在的否定力量，不斷粉碎孔乙己殘存的生存夢想，使孔乙己生存的社會空間成爲一個麻木、冷漠、無望的世界。

關鍵字：金錢，孔乙己，身體圖象，否定力量，身份認同

　　《孔乙己》被魯迅先生自認爲是他最喜歡的短篇小說，[註1] 建國後一度是我國中學語文課本的必選經典篇目。時至今天，從不同角度對《孔乙己》進行研究闡釋眞可謂汗牛充棟，難以計數，對豐富和深化我們對這篇作品的認識發揮了積極作用。《孔乙己》和歷史上任何偉大作品一樣，具有一個共性，那就是經得起時間的考驗，經得起讀者從不同角度進行的閱讀和審視，並呈現出豐富複雜的多重意蘊。筆者通過對《孔乙己》反覆閱讀，力圖從金錢影響和身份認同的角度對《孔乙己》描述的生存世界和孔乙己的悲劇意義提出一些個人的理解和看法，也算是經典重釋的一次嘗試。

一

　　也許少有人注意到，在《孔乙己》這篇文章裏，金錢是出現次數的最多的突出意象，其出場次數超過了孔乙己本人。金錢不僅與孔乙己的行爲相連，而且貫穿於他與周遭世界一切聯繫中，甚至孔乙己周圍的世界都是由金錢的力量所支配的。咸亨酒店是一個眾多身體演出的舞臺，也是一個以金錢爲中介的交易場所。讀者從人物著裝、身體姿勢、活動空間、話語權力、生活內容等諸方面均可發現金錢對人的控制和支配力量。魯迅先生通過《孔乙己》，爲我們呈現的是一個被金錢銘寫的生存世界和社會對人生失意者的涼薄。現以文中出場人物爲例，試作簡要分析。

　　金錢塑造了「短衣幫」的形象。「短衣幫」作爲社會弱勢群體，因爲無錢或少錢而居於社會底層。著短衣，是由其低下的經濟能力和生存方式決定的，也有社會不公等多種因素的影響。「短衣幫」靠下苦力，掙得幾個微不足道的小錢，再用這些錢去換取自己生活的必需品。當他們賣完了自己的血與汗，拖著疲憊的身體來咸亨酒店喝碗酒，既是爲瞭解困袪乏，也是對自己辛苦勞動的一點獎勵，算是日常生活中的一點享受與樂趣。「短衣幫」掙錢活命，囊中羞澀，出四文錢買一碗寡酒喝，已是不易，故而捨不得多出一文錢去買一碟鹽煮筍或者茴香豆作下酒菜。我們無法知道有關這一文錢的享受的想像曾經多少次流蕩在他們心中，但他們關於下酒菜的嚮往肯定是被壓抑了的。由於「短衣幫」消費金額太低，店家從他們身上獲取的利潤少，便拒絕爲「短衣幫」提供坐著慢慢喝酒的空間和條件。「短衣幫」就只能在櫃檯邊上「站」著喝酒，連坐喝的資格都

<hr>

〔註1〕　孫伏園：《魯迅先生二三事‧〈孔乙己〉》，收《魯迅回憶錄》「專著」上冊，第83頁，北京出版社，2000年版。

不具備。可見，金錢決定了「短衣幫」的身體形態、生活空間甚至整個的生存形式。他們是捆綁在地獄裡的苦難靈魂，毫無自由、生趣可言。

金錢銘寫了孔乙己的身體。經濟上的極端困厄，從根本上決定了孔乙己的外貌衣著、維持生計的主要方式並使他無法保持讀書人的尊嚴。長期的經濟的短缺，生計已成為嚴重問題，孔乙己根本無力關注和修飾自己的外表服飾。在咸亨酒店裡，孔乙己穿的長衫「又髒又破，彷彿幾十年沒有補，也沒有洗」〔註2〕，鬍子花白，亂蓬蓬的，皺紋間時常夾些傷痕，完全是一副窮困潦倒的樣子。顯然，長衫這一服飾對孔乙己的生命追求具有特別的意義。因為窮，孔乙己無錢購置新的長衫，又因為特殊情結不願脫下來，結果身上的長衫自然只能是又髒又破，以至於在小夥計眼中也是一個「討飯一樣的人」。當孔乙己最後一次出現在咸亨酒店時，雙腿已被丁舉人家毒打至殘，只能以手代足，破舊的長衫脫下，「穿一件破夾襖」。〔註3〕在這裡，不僅僅是衣物的改變，身體形象正常形態都已經被極大地改變，被摧毀了。而他皺紋間時常夾些傷痕，以至於身體正常形態的被摧毀（由過去的身材高大，到後來的只能以手代足行走），都是因為偷了何家和丁舉人家這樣的大富人家的東西去換幾個糊口的小錢。在這個世界上，生存的能力，首先表現為獲取金錢的能力。為了生活和繼續生存下去，人們必須去掙得足夠的金錢。孔乙己缺少掙錢的本領，只能替有錢人抄書，靠身體活去掙來幾個連糊口都不夠的小錢。人們生活畢竟要用錢這個中介物去換取維持身體基本生理需要的各種物品。孔乙己要生存在這個世界上，就逃不了金錢對他的身體和生存世界的銘寫。正是因為缺少掙錢的本領，缺少足夠的錢財，貧窮使孔乙己在饑寒交迫的境況下，免不了偶爾有一些順手牽羊，小偷小摸的不光彩行為，這也使他皺紋間便常夾些傷痕，時常遭遇來自長衫人物、酒店掌櫃、短衣幫、小夥計的語言暴力、人格侮辱和無端的奚落、嘲笑、輕視，甚至受到不更事的酒店鄰里的兒童們嘲笑，最後遭到何家和丁舉人家先後毒打，被徹底摧毀了僅存的一點生命力，他真正的人格、尊嚴根本無法得以保全。事實上，從另一種角度看，偷竊本身也是孔乙己生命意志的一種頑強的體現。孔乙己是咸亨酒店裏「站著喝酒而穿長衫唯一的人」。〔註4〕站著喝酒，並非孔乙己自己的主觀意志使然，而

〔註2〕　《孔乙己》，《魯迅全集》第 1 卷第 435 頁，人民文學出版社，1981 年版。
〔註3〕　《孔乙己》，《魯迅全集》第 1 卷第 437 頁，人民文學出版社，1981 年版。
〔註4〕　《孔乙己》，《魯迅全集》第 1 卷第 435 頁，人民文學出版社，1981 年版。

是因爲他付不起十餘文錢去獲得到隔壁的房子裡去坐喝的資格。可見孔乙己的外貌衣著、身體形態、行爲動機、行動空間等等，都是爲生活所迫，受金錢制約的。然而，引起筆者深思的是，在金錢和物質財富極度匱乏這個層次上，孔乙己和短衣幫之間的差距被抹平了。因爲孔乙己與「短衣幫」同屬赤貧的社會底層，都是貧窮以至於無法滿足身體基本的物質需要，同時飽受其他社會階層的侮辱和損害，在苦難生活中掙扎。無法迴避的是，孔乙己畢竟讀過書，對生命有一定程度的自覺，心中有不同於短衣幫的生活理想和追求，有著不同的思想和精神生活，對生活的感受也應有相當的不同。這是文化或者文明教育教化對於人最大的價值和意義所在，也應該是孔乙己與短衣幫最大的區別，更是孔乙己欲短衣幫等其他勞苦大眾幾近隔絕的原因。當金錢作爲社會價值標準，作爲交換的手段後，一切都可折換爲一定數量的金錢，一切可以通過金錢來達到，一些事物的精神性、特殊性也隨之消失殆盡。當世俗社會用金錢和物質財富的多寡來衡量和界定孔乙己的社會地位和價值，實際上是消解了孔乙己與短衣幫在精神、靈魂等諸方面的差異。因此，當再次矚目咸亨酒店裡這個「站著喝酒而穿長衫唯一的人」的時候，我們會驟然領悟：孔乙己具有標誌性意義的「長衫」就是對金錢這種同一性的反動，他從心理上和身體上都在努力拒絕與「短衣幫」認同；他有自己堅持的價值理想，儘管他的堅持是有限的，甚至他的理想也是有局限的。我們有理由追問：假如孔乙己有錢又會是怎樣呢？

咸亨酒店的掌櫃完全是一個被金錢異化了形象。他經營酒店的根本目的就是賺錢，思考和盤算的是金錢，其手裡摸著的、寫記的均與金錢相關。他經營酒店，通過賤買貴賣，通過服務提高附加值，通過往賣給顧客們的酒裡摻水等多種手段來盤剝顧客的錢財。他把在他店裡的顧客按一次性消費的金額分爲不同等級，並按等級提供不同的服務和待遇，讓少錢的顧客站著喝酒，讓一次出得起十幾文錢的長衫人物坐著喝，站著喝酒的只能在櫃檯邊，坐著喝的卻可以到店面隔壁的屋子裡去慢慢享用，可見，在掌櫃的眼裡，顧客擁有金錢的數量特別是顧客爲酒店提供的利潤的多少規定了顧客在酒店的位置和佔有的空間，規定了顧客所能獲得的身體與精神享受的層次和內容。這自然不是一個新的發現，這只是一個被忽略了的人生真相：個人生存活動的空間總是被規定了的。掌櫃以金錢爲動機和手段建立起與周遭世界的聯繫。金錢，既是他行爲的動力又是實現其他生命目的的手段，更是他生命的具體內

容。所有酒客包括孔乙己在他眼裡不過是一個個被他賺取錢財的對象而已。對於孔乙己，他所耿耿於懷的是孔乙己所欠的十九個錢的酒債，至於孔乙己的死活則是他所毫不在意的。最後，孔乙己在他心目中演化成了一個符號：十九個錢！孔乙己被他反覆掛惦就是因爲欠這十九個錢。他的身體行爲和精神生活均受到金錢的牽引、控制，使金錢成了凌駕馭自己之上的主人。金錢奴役著他，宰制著他，使他失去了同情心和良知。這是金錢對人的異化。掌櫃的世界，是一個被金錢標價的世界，一個人性、仁慈正在消亡的時代，一個生命的詩意消亡的時代。

再看長衫人物。文中寫道「只有穿長衫的，才踱到店面隔壁的屋子裡要酒要菜，慢慢坐喝」。〔註5〕長衫人物之所以如此從容，可以悠閒自得踱進單獨的屋子裡去坐喝，享受更好的酒和美食，關鍵在於他們每次能夠輕輕鬆鬆地出得起十多文錢。金錢的富足，使他們穿上了代表社會上層人物生活優裕的長衫，從而與短衣幫的勞苦大眾區別開來，並使長衫人物們獲得了酒店掌櫃的尊重。金錢的多寡成爲社會人口分層的標誌和依據，長衫人物藉此顯示出自己對於短衣幫的等其他人等的優勢，形成對短衣幫等窮苦大眾的壓力。這是一種強者對弱者有形無形的威壓，也使長衫人物對社會生活擁有相當大的操控能力。長衫人物因爲有錢，便可以自由選擇喝酒的地方，可以到酒店老闆爲有錢人專門設置的店面隔壁的屋子裏去坐著喝酒，而不必像短衣幫只能在櫃檯前站著喝酒。如果僅從表面形式上看，站著和坐著，是兩種不同的身體姿勢，然而這兩種身體姿勢給人的生理感覺確是不一樣的。從生理學角度講，「站」使人身體特別是兩腿的肌肉緊張，而「坐」通常則是一種身體休息的姿態。「短衣幫」經過一天的體力勞動，身心俱疲，最是需要休息，坐著放鬆，然而，卻不能獲得。長衫人物，並無短衣幫的勞累，卻有老闆提供的專門的桌、椅和好酒好菜，悠然自得地淺斟慢飲，享受口腹之樂，品味人生閒暇。可見，金錢的相對富有給了長衫人物更多的生活的自由，並使他們佔有了更大更多的生存活動空間，而且身體的待遇、感受也不一樣（享受的是好酒好菜），甚至連身體存在與活動方式、姿態都不同。在酒店，他們用了特殊的富有情感意味的炫耀性的行走方式：「踱」，以這種身體形態表明他們經濟的殷實、精神的自由、心態的輕鬆與自我滿足，既是自適，又是顯擺、做秀。一個「踱」字可謂鏤形刻骨，入木三分。金錢的富足塑造了長衫人物這一社會存在。

〔註5〕《孔乙己》,《魯迅全集》第 1 卷第 437 頁，人民文學出版社，1981 年版。

《孔乙己》的敘述者「我」，來到咸亨酒店當小夥計，目的是爲了掙取工錢，或者爲今後掙錢積纍經驗和準備技能，而絕非是爲了在咸亨酒店謀求一個安身立命、安放身體和靈魂的歸宿。小夥計眼裡見到的、記憶深刻的，是金錢的力量籠罩著一切人的生活。出場人物以金錢數量的多少自然分類、分層，呈現出各不相同的生存形態。人物著長衫或著短衣、喝一碗寡酒或者酒加下酒菜、靠著櫃檯站著喝酒或者到店面隔壁的屋子裡坐喝，以及孔乙己個人獨特的悲劇性的死亡歷程，無不與金錢相關。金錢的擁有量使人們具有不同的外表、不同的身體姿勢、不同的生活內容、不同的生活空間、不同的生活感受與不同的人生命運結局，這些無不從小夥計——「我」的敘述中一一呈現出來。金錢成爲這個世界運轉的動力，金錢塑造了這個冷漠和人性荒蕪的世界。

二

從敘述者「我」的眼光來看，孔乙己因盜竊被丁舉人毒打致殘，喪失了生存能力，這是導致孔乙己死亡最爲直接的原因。但從整個生存環境的角度來考量，原因就並不如此簡單。我認爲，孔乙己的死屬於非正常死亡，是他生存世界的各種社會力量，以不同形式從不同方向形成合力，粗暴地對他形成了完全徹底的否定，剝奪了他的生存資格，使他從這個冷酷無情的世界徹底消失。

首先是科舉的誘惑對孔乙己人生形成誤導。科舉制度在一定程度上爲讀書人開啓了一扇進入統治階級權力階層的門，讀書人只有通過科舉考試獲得功名，進入這個權力階層才可能利用權力資源實現個人的人生理想和社會理想。對於絕大多數家境貧寒又無特殊家世背景的讀書人而言，這確確實實是惟一的改變自身命運的方式。科舉制度自建立以來，作爲封建王朝選拔官僚、網路人才的制度，它既是選拔制度同時也是淘汰制度，它並未承諾或保證凡具有讀書行爲的人都可以衣食無憂，盡享榮華富貴。儘管這是一道窄門，但是一舉成名，「朝爲田舍郎，暮登天子堂」，榮華富貴接踵而至，又對無數的讀書人形成強烈的永久的誘惑。就具體個人而言，讀書與獲得功名之間畢竟還有很多個人無法掌控的變數。因此，當讀書人把讀書作爲進入社會上層實現「顏如玉」、「黃金屋」、「千鍾粟」的願望的唯一手段，甚至成爲自己整個生存的唯一手段，進而忽視其他生存能力的培養，必將導致自己整個生命的

悲劇。毫無疑問，孔乙己早年也是懷著對未來的渴望去面對那一卷卷「聖賢書」的。在「聖賢書」的規訓之下純潔地相信「學而優則仕」、「萬般皆下品，惟有讀書高」，然而他終於失敗了。所謂先賢們的教訓並不是什麼放之四海而皆準的祖傳秘方，一意死讀書，反而成了堵絕孔乙己生存之路的障礙，否定了獲得其他謀生之路的可能性。替人抄書、偷竊是不可能作爲謀生的正道的，更不是孔乙己作爲讀書人的應有的理想的生存形式。可以想見，當孔乙己只有靠替人抄書和偷竊才能暫時維繫其生存的時候，他的內心是充滿了怎樣的失敗感和和幻滅感呢！失敗，貧賤，如鐵鑄一般的事實，對孔乙己全身心時時進行強力摧折，因爲他沒有也不可能成爲科舉制度的幸運兒。

作爲一種傳統服飾，長衫是通過讀書進入社會上層的士紳階層的常服，久而久之被當作這類人物的標誌性特徵，從而成爲一種表徵，一種符號，其所指就是金榜題名，榮華富貴，這是孔乙己們的夢想。孔乙己的「長衫」之所以在其他人眼中顯得「名不正，言不順」，並形成一種反諷，而在孔乙己自己則是在極度貧困之下通過自己的身體形象固執地表達著對某種生活的渴望，堅持穿著又髒又破，彷彿十多年沒有補過，也沒有洗的長衫。孔乙己在這裡表現出的固執，不過是對一種無法實現的人生夢想無力的挽留。借張愛玲的話說，實際上那「就像一個蒼涼的手勢」，喻指了一種失望、無奈、墮入黑暗的無法挽救的人生。更爲重要的是，孔乙己的長衫，從另一方面也表達著一種身份自我認同的衝動，即作爲讀書人應不同於一般無知無識的勞苦大眾的自我意識和自我要求。當然，還必須看到，孔乙己還企圖通過長衫的標識象徵功能，顯示他作爲知識者在普通民眾前的優越感。或許這長衫讓他不斷產生自己就是他長衫人物的幻覺，從而獲得一種恍惚的片刻的滿足與幸福的感覺，給他以繼續苟活的理由。然而，他不過是忠實地信奉科舉卻被科舉這一制度拋棄的百無一用的可憐蟲。長衫成爲生命異化的表徵，是一種束縛和障礙。無論從傳統還是現代的眼光看，孔乙己顯然都不屬於眞正意義上「爲天地立心」、「爲先賢繼絕學，爲萬世開太平」的優秀的知識份子，他的讀書仍不過是爲「稻梁謀」。十年寒窗苦讀，一朝金榜題名的畢竟是鳳毛麟角，而如孔乙己這樣勞而無功的人猶如過江之鯽，何止千萬！孔乙己的悲劇就不僅僅是孔乙己一人的悲劇！就魯迅的時代而言，中國歷經「千年未有之變局」，科舉已廢，讀書人通過讀書進入社會權力階層的傳統道路已經斷絕，面臨著人生道路和生活方式的重新抉擇。幻想繼續通過讀書求取功名，獲得榮華富

貴，是一條走不通的死路。新的歷史條件下，知識份子應當如何確立迥異於
孔乙己的生存道路？我認爲，這才是魯迅先生苦苦探索並企圖引起讀者深思
的重大問題。

　　如前所述，我們鮮明地感受到了孔乙己對自我身份認同的強烈欲求，他
的著裝、舉止、言語甚至虛榮等，處處表現出他相對於短衣幫等「看客」的
獨異性。人類獵殺異類的地根性使孔乙己尋求身份認同的努力遭到看客們一
次次無情的否定和打擊，自我存在的意義無法在環境中得到實現和肯定，生
命自然土崩瓦解。對孔乙己的否定是多方面的，除了科舉制度的誤導，長衫
人物、酒店老闆、短衣幫、酒店小夥計以及酒店附近的小孩子都在有意無意
之間構成了一種否定的力量。

　　酒店掌櫃對孔乙己極盡貶損和侮辱之能事。掌櫃並不只是從孔乙己身上
賺取錢財，而且對孔乙己實施了精神上的迫害。他對孔乙己的死活並不在意。
掌櫃允許「我」這個小夥計在其他看客嘲笑、奚落孔乙己的時候隨意的笑，
因爲在掌櫃眼中，孔乙己本是一個可笑之物，笑一笑又有何妨呢！掌櫃結帳
時，忽然說「孔乙己長久沒有來了。還欠十九個錢呢！」〔註6〕當一個酒客說
孔乙己被丁舉人打折了腿時，如聽一個有趣的故事，對孔乙己被打得過程詳
加追問。當酒客告訴他孔乙己也許死了時，掌櫃覺得故事並沒能滿足他的好
奇心，很快覺得無趣，也不再問，「仍舊慢慢的算他的賬。」可見，他對孔乙
己的生死並不是從人道主義意義上的真正關心，他所關注的是孔乙己欠的酒
錢和一個或許有一點趣味的故事。人與人之間是如此隔膜和冷淡，孔乙己不
可能得到來自於同類的任何慰籍和溫情。中秋過後，當已經變得又黑又瘦，「身
著破夾襖，盤著兩腿，下面墊一個蒲包，用草繩在肩上掛住」〔註7〕，幾乎不
成人樣的孔乙己最後一次來到咸亨酒店門口，掌櫃看見後開口便說「孔乙己
麼？你還欠十九個錢呢！」〔註8〕當孔乙己要求那十九個錢暫欠，而這回付現
錢酒要好時，掌櫃以嘲笑的且不容置辯的口吻對孔乙己說道：「孔乙己，你又
偷了東西！」〔註9〕在掌櫃看來，孔乙己是掙不來「清白錢」的，他若有錢，
就一定是偷來的。於是關於錢是否是偷來的問題開始了一場簡短的辯駁，掌

〔註6〕 《孔乙己》，《魯迅全集》第1卷第437頁，人民文學出版社，1981年版。
〔註7〕 《孔乙己》，《魯迅全集》第1卷第437頁，人民文學出版社，1981年版。
〔註8〕 《孔乙己》，《魯迅全集》第1卷第437頁，人民文學出版社，1981年版。
〔註9〕 《孔乙己》，《魯迅全集》第1卷第437頁，人民文學出版社，1981年版。

櫃抓住孔乙己斷腿與錢的關係，步步緊逼，而孔乙己結結巴巴，無力分辯、迴避，他的眼色，很像懇求掌櫃不要再提。然而掌櫃的目的是要戲耍他，要在他身上找尋樂趣，要在對孔乙己的戲耍中顯示自己的優勢。他得意如同戲猴者，把一個企圖在一碗薄酒中尋點安慰和溫暖的孔乙己再次拖入苦難的記憶。「不一會，他喝完酒，便又在旁人人的說笑聲中，坐著用這手慢慢走去了」〔註 10〕。要知道，此時的孔乙己已經是一個近死亡的邊緣的廢人了，在掌櫃和其他酒客那裡他所得到的仍是一如既往的蔑視、嘲笑和玩弄！在強大的異己的否定性的力量面前，孔乙己只能默默地承受，只有選擇逃跑，逃到那屬於自己的孤獨的世界中去。

以丁舉人為代表的長衫人物，並不把孔乙己當一個真正的讀書人看待。長衫人物們，是孔乙己雖不能至心嚮往之的偶像或理想。前面我們已經說過，長衫已經是一種象徵符號，指向的是社會某一階層人物和某一類理想生活方式。孔乙己頑固地穿著長衫，就是死死地抱著這個離他越來越遠的理想，並在長久的思慕中迷幻。這些長衫人物並不因為孔乙己穿長衫就將他視為同類，相反卻是將他視為怪胎，既不尊重孔乙己人格也不好好利用他的知識，而是讓孔乙己去抄書。這無疑是對孔乙己學問的否定。抄書確實是用不了多少學問的簡單勞動，勞務費自然是極低的，維持不了孔乙己基本的生存需要，孔乙己不得已只能偶爾小偷小摸的弄點雇主的書籍紙張筆硯換點錢財來糊口。長衫人物的否定是來自於孔乙己企圖躋身其中的理想階層的否定，他們對孔乙己的否定更為徹底，也更能動搖孔乙己內心的信念和渴望，因為孔乙己對長衫人物是仰視的，孔乙己也許曾無數次地將自己幻化為這類人物中的一員。長衫人物不僅不尊重孔乙己和他的知識，摧毀他的理想，而且還從身體生理上對他進行摧殘。毫無疑問，孔乙己臉上的皺紋間時常夾些傷痕，必定是長衫人物們的「功績」。何家把孔乙己弔著打，丁舉人家則私設公堂，讓孔乙己「先寫服辯，後來是打，打了大半夜，再打折了腿」〔註 11〕。時近初多，小夥計最後一次看見孔乙己，孔乙己已身體形態發生了巨大改變：雙腿已廢，只能用手走路，完全不成人樣。長衫人物不僅戕害了孔乙己的精神，也殘害了孔乙己的軀體，使他的精神和肉身最終失去存在的最基本的可能，他們以其經濟上的和精神上的優勢將孔乙己擠出了生存的空間，徹底否定了孔乙己的存在。

〔註 10〕 《孔乙己》,《魯迅全集》第 1 卷第 438 頁，人民文學出版社，1981 年版。
〔註 11〕 《孔乙己》,《魯迅全集》第 1 卷第 437 頁，人民文學出版社，1981 年版。

　　短衣幫的訕笑對孔乙己是沉重的打擊。文中的短衣幫和孔乙己同屬於赤貧的「無產階級」，受著社會強勢階層、集團的壓榨和盤剝，生活在水深火熱之中，本應同病相憐，相互救助慰藉，但事實卻不然。雖然都是只配站著喝酒的人，孔乙己執迷於自己讀書人的身份和虛幻的優越感，身著長衫，不願與短衣幫同流；短衣幫經由被動或主動榨取自己的血汗以維持自己及家人較爲穩定的生活，在謀取生活的現實能力方面，和孔乙己這個滑稽可笑、百無一用的窮書生相比，他們找到了自己的優勢和優越感。一個連生活都掙不來的人，普通民眾是瞧不起的。尤其是孔乙己的人格和行爲存在「重大問題」，即偷竊雇傭他的大戶人家的書籍和文房四寶去換錢。所謂「禮失而求諸野」，在重道德的民間社會，不管偷竊的動因是爲了活命或者爲了非分的享受，偷竊總是難以讓人原諒的錯誤。孔乙己道德行爲上的缺陷，和下層民眾這種較強的道德意識或自覺，把孔乙己在民眾中的地位降至最低點，孔乙己成爲懶惰、無德、無行、無用的受鄙視的人。所以，孔乙己與普通民眾之間是隔膜的，是互相賤視的，沒有也無法認識和體諒到對方生命狀態的悲劇性。在咸亨酒店中，往往是當一輪道德上的襲擊基本消退之後，孔乙己來不及有喘息的機會，新的一輪以其失敗人生爲內容的襲擊又迎面而來。

　　孔乙己喝過半碗酒，漲紅的臉色漸漸復了原，旁人便又問道，「孔乙己，你當眞認識字麼？」孔乙己看著問他的人，顯出不屑置辯的神氣。他們便接著說道，「你怎麼連半個秀才也撈不到呢？」孔乙己立刻顯出頹唐不安模樣，臉上籠上一層灰色，嘴裡說一些話；這回可是全是之乎者也之類，一些不懂了。在這時候，眾人也都哄笑起來：店內外充滿了快活的空氣。〔註12〕

　　攻其不備，攻其虛弱，攻其痛處，攻其要害，步步緊逼，讓孔乙己無地自容。將其痛苦經歷作爲滑稽、可笑的人生喜劇，而孔乙己不過是劇中的一個倒楣的丑角。喜劇是因爲劇中的人物的無能，使觀眾獲得智力和能力的上的高位優勢，因而覺得劇中人物的醜陋、可笑，喜劇是觀眾精神的勝利。短衣幫和其他酒客、掌櫃一起輕視嘲笑孔乙己，完全不是爲了警醒孔乙己，而是將其痛苦一次一次的強化、放大，他們要親自看到以「讀書人」自居的「對手」在他們面前一次一次丟盔棄甲，一次一次體會和表演痛苦。短衣幫在自以爲「優勝」中哄笑、調笑孔乙己，將孔乙己這一位讀書人的迷夢和幻覺一一擊碎，否定著孔乙己從對象中尋找自我身份認同的努力和期待。這是對孔

〔註12〕《孔乙己》，《魯迅全集》第 1 卷第 435 頁，人民文學出版社，1981 年版。

乙否定性力量的重要一極。

　　酒店小夥計對孔乙己的不屑和嘲笑，同樣構成對孔乙己的否定性力量。咸亨酒店是孔乙己生存的一個背景，各色人等構成意義之維，對孔乙己的各種生存行為進行命名，形成左右他生存的決定性力量。我甚至想說的更極端一些，孔乙己就是他身邊的人所構成的環境的意志的表徵。他與環境是一對多的對比關係。魯迅小說中，孤獨者獨戰庸眾是一個常見的主題，然而孔乙己不是魯迅式的先知先覺的孤獨者，他也是庸眾中的一員，受到排斥的庸眾中的一員。庸眾以其平庸，否定一切新異，也否定著自己，消滅著自我更新的可能，它使一切生成為麻木單調的形式和過程。小夥計就是文中那些庸眾中的一分子，參與了對孔乙己的否定和打擊。孔乙己畢竟是書生，具有一般讀書人喜談知識、掉書袋子、炫示學問的癖好。有一回在喝了幾口酒之後，於是也有了一種與人談話的欲求；當他感到不能與酒客們談天之後，便轉向了小夥計。他乘著酒興，直奔「讀書寫字」的主題，由問小夥計是否讀過書，到要考小夥計「茴」字的寫法，到要教小夥計「茴」字的四種寫法，步步進佔，精神表現出異常的亢奮和狂熱。從他聽說小夥計讀過書時的親近，到要教小夥計寫「茴」字時的期待與懇切及「將來做掌櫃時，寫賬要用」的告誡，到聽到小夥計說「茴」字的寫法時用兩個指頭的長指甲敲著櫃檯的興奮，到用指甲蘸酒想在櫃上寫字的熱切等等，處處折射出孔乙己對由讀書走向仕途經濟的理想人格的嚮往和迷戀。與孔乙己的主動、熱切相反，小夥計的態度則被動而冷淡，從「略略點一點頭」，到「我想，討飯一樣的人，也配考我麼？回過臉去，不再理會」，到「又好笑，又不耐煩，懶懶的答他」，到極不耐煩地「努著嘴走遠」〔註13〕，很明顯，孔乙己最為驕傲的學問在小夥計這類人看來，不過是無用的人的無用的東西罷了。他們因看不起孔乙己這個人繼而看不起孔乙己所談論的知識。毫無疑問，孔乙己在小夥計面前仍是以知識份子自居的，企圖在這個略微認識一些字的年方十二歲小夥計面前獲得理解、尊重或共鳴，也就是期望小夥計能將他的知識當成一回事，在小夥計這裡找到自己作為知識人的感覺和確證，因而仍然可視為是一次尋求身份認同的努力。然而，小夥計的不耐煩、冷淡、走開……使孔乙己逐漸興奮起來的情緒，在小夥計的冷淡中跌落，又一次有力地否定了孔乙己的努力和期望，將他從自造的幻影中揪了出來，讓他直面慘澹的人生、痛苦失敗的現實。從本質上看，這表現出社會對孔乙己現實人生的基本評價，因為小夥

〔註13〕《孔乙己》，《魯迅全集》第 1 卷第 436 頁，人民文學出版社，1981 年版。

計對孔乙己的冷漠與酒客、掌櫃有著某種相似性，雖然他的被動反應的態度卻與後者的主動取笑有著很大不同。

孔乙己與小孩子的那一段描寫，也可謂神來之筆。孔乙己與一群小孩的「多乎哉？不多也」之類的語言交流雖然顯出人物的迂腐可笑，但當他彎下腰來給孩子們分茴香豆吃，並與之談話說笑時，究竟也是人性尚未被完全扭曲的表現。但是，孔乙己的生動有趣去只能在孩子們面前有較為充分的流露。文中寫道：「鄰舍孩子聽得笑聲，也趕熱鬧，圍住了孔乙己。他便給他們茴香豆吃，一人一顆。孩子吃完，仍然不散，眼睛都望著碟子」……當他說「不多不多！多乎哉，不多也」〔註14〕，迂腐可笑的書生氣流露時，這群孩子就在笑聲中走散了。可見，孩子們仍然是將孔乙己作為一個好玩的偶爾有茴香豆吃的人，不知道同情，更不知道他們聽到的笑聲和他們自己的笑聲都是砍向孔乙己的柄柄利劍。他們因笑孔乙己而來，並在笑孔乙己中而去。作為孔乙己自我證明的「之乎者也」，即便在最幼稚的的孩童面前也只不過是一個個笑料。這是多麼殘酷的世界，置諸過去，沒有善果，置諸將來，仍無絲毫希望。沒有真誠和同情，更沒有溫愛。這是一個讀書人的悲哀，也是這個世界的濃墨般的絕望。這是魯迅所看到和感受到的真實的世界。它使我們又想起了那振聾發聵的吶喊：「救救孩子！」〔註15〕

可見，科舉制度的欺騙、掌櫃的奚落與追逼、長衫人物的身心殘害以及其他各色看客的嘲笑、短衣幫的歧視、小夥計的不屑等等，各種來自社會生存環境的異己力量，從人生理想、精神價值、知識學問、道德規範、肉體生命等方面，對孔乙己構成了全方位的否定，而孔乙己以一己微薄之力，極力維護自己的存在，努力追求自我身份認同和自我生命「在」的感知體驗，但是他的一切努力都受到外界力量毫不留情的抨擊而慘遭失敗，只能在貧病交加饑寒交迫中在不為人知的地方悄然無望地死去。而世界依然太平，沒有他，別人也便這麼過。

三

對於這個冷漠、黑暗、無望的社會，魯迅先生在《吶喊·自序》中提出

〔註14〕《孔乙己》，《魯迅全集》第 1 卷第 437 頁，人民文學出版社，1981 年版。
〔註15〕《狂人日記》，《魯迅全集》第 1 卷第 432 頁，人民文學出版社，1981 年版。

了「鐵屋子」〔註 16〕這個著名的比喻。他對自己所處身的社會抱著絕望的態度，而他認爲自己的一切所爲不過是反抗這種絕望罷了。一切生靈相互獵食或摧殘，一切求取理想的行爲都成爲變態扭曲的生存，一切生機都被抽空枯萎……一切均在昏睡中正慢慢墮入死亡的世界。無獨有偶，聞一多先生在《死水》中把這個冷漠、黑暗、無望的社會詛咒爲「一溝絕望的死水」〔註 17〕，生機全無，盼其速朽、速滅，同樣表達了自己的悲憤和絕望，而這個世界正是孔乙己生活的世界。

科舉制度製造了種種誘人的幻象，引誘眾多讀書人走上狹窄的人生道路，造成無數的讀書人精神上的傷殘和生存能力的貧弱，將其人生引向黑暗。孔乙己早年託身科舉，期盼著有朝一日金榜題名，榮華富貴接踵而至。然而幾十年的追求，最終成爲泡影，生命的價值歸於虛無。「千鍾粟」、「黃金屋」、「顏如玉」式的理想不過是一種哄騙孔乙己們苟活於世的謊言。

在咸亨酒店站著喝酒短衣幫，爲了在忘卻生的苦痛的來此尋求片刻的快樂。這些低賤而疲乏的身體和靈魂，在無邊的生存壓力長期的折磨之下，已經喪失了對痛苦的敏感，已經逐漸遠離了對脆弱的同類悲苦命運的同情與悲憫。他們關注的是自己個人，自外於孔乙己的世界，以超脫的甚至是殘忍的方式，嘲笑孔乙己及其認爲可笑之事與物。事實上，他們和孔乙己同屬於處於社會最底層的卑賤者，無知地經受著來自社會各方面的壓榨和迫害。長期的社會規訓又使他們失去了思想的能力，進而成爲維護這個現存社會秩序的普遍性力量。然而，他們並未意識到自己就是這個腐朽社會的犧牲品，他們不知道也不思考爲什麼自己那樣低賤而痛苦地生存，彷彿自己的人生方式和當下的社會秩序一切都是先驗地存在且不容更改的。在他們眼裡，丁舉人等是一種無比龐大的異己力量，其權威是至高無上不容冒犯的，必須給予無條件的尊重，普通人只能匍匐在其腳下。當孔乙己被毒打致殘，他們說「竟偷到丁舉人家裡去了。他家東西，偷得的麼？」〔註 18〕認爲是孔乙己自己發了昏，完全是咎由自取，絲毫不值得同情。低賤者之間的愚暗、殘忍、麻木、無情，由此可見一斑。其實，如果我們將孔乙己的偷盜行爲理解爲生存壓力下最本能的反抗，那麼孔乙己從自身需求出發，以所謂的偷竊行爲否定了丁

〔註 16〕 《呐喊‧自序》，《魯迅全集》第 1 卷第 419 頁，人民文學出版社，1981 年版。
〔註 17〕 《死水》，《聞一多選集》第 4 卷第 91 頁，四川文藝出版社，1987 年版。
〔註 18〕 《孔乙己》，《魯迅全集》第 1 卷第 437 頁，人民文學出版社，1981 年版。

舉人威壓，倒是一種具有鮮明主體性意識的行為，是他區別於短衣幫的精神靈魂尚未完全窒息的表現。

小夥計「我」十二歲便被送到咸亨酒店當學徒，成天只能蜷身於櫃檯之下，按照掌櫃的要求，在顧客買的酒裏羼水，幹的是坑騙顧客的欺人勾當。然而，「掌櫃是一副凶臉孔，主顧也沒有好聲氣，叫人活潑不得；只有孔乙己到店，才可以笑幾聲」〔註 19〕。在掌櫃和顧客的雙重監督下，承受著多方面的壓力，生活單調而枯燥，這對於一個小孩子來說，實在是過於沉重。其所見所聞都不過是人生的苦痛形式，並不能滿足一個孩子對生活的好奇心，既不能使他享有當下的快樂，也不能給他關於未來人生新的希望。生活就是以這種形態呈現在這個孩子面前，並銘刻在他的關於人生的記憶中。文章本來就是以這個小夥計的口吻，對 20 年前的往事的回憶與講述。從敘述者的口吻，我們明顯的感覺到敘述者對所敘述的人與事的無聊與冷漠。

掌櫃是孔乙己所在世界裡的強人，他的經濟和社會地位是讓不少人羨慕的。他在某種程度上操控著咸亨酒店這個小小的世界，但他並沒有做過什麼令人難忘的好事。他訓斥夥計，追逼酒債，在酒裏摻水，坑騙、盤剝可憐的貧窮顧客。對金錢的攫取取代了人類間的同情與顧惜。他嘲笑和羞辱孔乙己，對孔乙己的不幸遭遇沒有半點同情，只是一味的追求刺激，即使在孔乙己已經成為殘廢人的時候，仍然不放過，也顯示了他人性中殘忍的一面。

長衫人物多為經濟富足的在社會上有地位的士紳階層。他們多是讀過書，或以讀書而步入社會中上層的。按理他們應對知識和讀書人懷抱著應有的敬意，對孔乙己的不幸遭遇有著某種程度的理解的同情。但是，他們「讀書只為稻糧謀」，並沒有真正的兼濟天下，民胞物與的博大胸懷，反而蠶食同類，對損害自己利益的任何人均施以狠毒的殘害，何家與丁舉人家均是如此。書香門第人暗藏著兇殘的嘴臉，實在是文化精神之死、人心之死。知識者的光環由此消失殆盡，世界陷入無邊的黑暗。

科舉制度和各類人物的腐朽黑暗，展示孔乙己生存境遇的兇險與冷酷。孔乙己作為一個生活在社會中的人，他的生活的方式和生命的價值意義都只能由社會來決定。他不是自生自滅，而是被社會命名、規訓，最後被社會無情拋棄。他是被社會殺死的，被他的同類——人——殺死的。

〔註 19〕 《孔乙己》，《魯迅全集》第 1 卷第 434 頁，人民文學出版社，1981 年版。

四

孔乙己生存的社會，早已脫離了物物交換的時代。金錢作為中介可以換得各種人們想要的物品和服務。來到咸亨酒店的人，不過是為了尋找一點生活的樂趣，使身體或精神得到一次放鬆和休息。然而酒店是以金錢為中介進行買賣交易的場所。金錢顯示了它對人類生存和生活巨大的影響力。人們生存的姿態、生活面貌、外在形象，身體活動空間，身體活動的具體方式、身體佔有物的內容和形式、心理活動、行為等等，無不取決於金錢的有與無、多與寡。試想孔乙己、短衣幫、酒店的小夥計甚至掌櫃，如果大家都比較有錢，那咸亨酒店將成為一片樂土。孔乙己的悲劇就不會發生，小夥計也不會過早地經歷尷尬與壓抑的人生訓練。甚至掌櫃也不會對孔乙己那十九個錢的酒債長時間耿耿於懷。事實上，孔乙己偷雇主的書籍紙張筆硯，以及偷竊何家以及丁舉人家，並非是他需要使用這些書籍紙張筆硯，而是為了將其換為金錢，再用金錢去購取自己需要的精神和物質產品。何家與丁舉人家痛打孔乙己，實際上也是因為孔乙己侵犯了他們的錢財。追求金錢、攫取金錢、獲得金錢、使用金錢、追索金錢，欠酒債，還酒債，記酒債、算賬……等等，金錢在人們的生活中打下了深深的烙印，支配著人們存在的具體方式和狀態，編織了社會的生存圖景。它無個性無人格，卻使所有人與之糾結各種複雜的關係與情感。它以其不可阻擋的力量，把自己的身體銘刻在孔乙己生存的這個世界。

在《孔乙己》一文中，咸亨酒店是一個令人愉快、輕鬆的場所。孔乙己從日常生活中的饑餓與貧窮中逃出來，從何家和丁舉人家等上層社會人士的鄙視和殘害中逃出來，從人生的種種失敗中逃出來，從種種異己力量的圍捕中逃出來，逃到咸亨酒店裏來，喝一碗寡酒或者再加一碟茴香豆，顯示一下他的「學問」，以期從幾乎令他窒息的生活中挖出一個「小孔」，在酒精的刺激和幻覺中找回一點自尊與生命的樂趣，使生命得以苟延殘喘。然而令孔乙己萬萬沒有想到的是，咸亨酒店卻成了眾看客對他的精神和幻想進行集體屠殺的場所，並完成了對他一生最後的否定。眾人在休養和愉快氛圍中，鑒賞著孔乙己的苦難，也正是在這樣的氛圍中，世界流注著人類最黑最黑的悲哀。在我們對孔乙己投以同情的眼光時，同樣震撼我們靈魂，令我們無法迴避的是，作為一個只想通過讀書求取功名富貴的讀書人，孔乙己既不代表真正的傳統，也不代表未來。他對自己深受封建科舉制度毒害缺少反省，既無法反

抗和改變自己的命運,更不能如現代知識精英在精神和經濟上獨立繼而承擔
起思想啟蒙、傳播新知,建立現代民族國家的使命,在新的歷史條件下,孔
乙己式的讀書人必然走向毀滅。

【作者簡介】

　　任湘雲(1969～),男,重慶市人,文學博士,四川警察學院教授,主要
從事中國現當代文學、文藝學研究。

參、郭沫若的經濟生活與他的文學創作 ——以早期創作（1918～1926 年）爲例

李金鳳

摘　要

　　郭沫若在福岡留學期間，以 48 元官費養家糊口導致經濟拮据。貧困的經濟生活促使郭沫若拿起文學之筆賺取稿酬，投入到文學的市場經濟大潮中。郭沫若早期文學創作（1918～1926 年）與他的經濟生活密切相關。一方面，郭沫若靠文學創作謀取個人的經濟利益，帶有較強的功利主義思想；另一方面，困窘的經濟生活又融入到他的文學創作中，成爲了表現的對象和內容，兩者共同作用，形成了郭沫若早期文學創作的特殊現象。

關鍵字：郭沫若，經濟生活，文學創作

　　考察郭沫若的經濟狀況，我們以 1918 年和 1923 年爲分界線。1918 年以前，郭沫若的留學生涯靠著官費 33 元過著還算充裕。自 1918 年夏來到福岡的九州帝國大學以來，郭沫若的經濟生活變得「捉襟見肘」起來，僅靠 48 元官費養家糊口非常困難。1923 年 3 月郭沫若拿到了醫學學士，畢業後官費消失，工作沒有著落，辦刊失敗，賺稿不易，經濟負擔更爲嚴峻，進一步加速了他賣文爲生的程度。郭沫若 17 歲患有耳疾，兩耳重聽，行醫不便，未能通過醫學謀取一份正當的職業改善經濟生活。所幸靠著非凡的創作才能，以文學之筆謀取個人的經濟生活。1926 年以前，郭沫若努力嘗試發表文學作品、開文學社團、辦雜誌刊物等方式獲取一份經濟生活。郭沫若的文學創作與他的經濟生活密切相關。本文以郭沫若的早期創作（1918～1926 年）爲例，分析郭沫若的經濟生活與他的文學創作之間複雜微妙的關係。

一

　　留學期間，郭沫若與日本女性佐藤富子（郭安娜）的激情心靈體驗深刻地影響了他的詩歌創作。與安娜愛戀的情感生活促使他拿起「詩歌的這支蘆笛」，吹出了一部非凡的《女神》，發表了《鳳凰涅槃》、《地球，我的母親》、《天狗》等名作。郭沫若名聲大振，或許有人認爲他因此名利雙收。眞實的情況是郭沫若的經濟生活每況愈下。郭沫若的詩歌多發在《時事新報・學燈》，這是個新文學刊物，傚仿《新青年》不付稿酬。支撐一家人生活靠的是每個月官費 48 元。單說官費生，生活其實頗優越，郭沫若本可以過著衣食無憂、東遊西蕩的求學生涯。但是，與佐藤富子的事實婚姻使他在很長一段時間內失去了父母的經濟援助。每月 48 元，既要養家糊口，還要繳學費、買書籍、置儀器等，經濟困難自不待言。北洋政府財政拮据，留學官費時有時無，四川老家連年災荒，軍閥混戰，父母兄嫂也不寬裕。新來乍到福岡時，家庭經濟極端拮据，就連一部分學習上必不可缺的參考書也被他好幾次典當又贖回。爲解決生活困難，郭沫若決定兼職，給日本人教中國話，「每月約謝男八元」。〔註 1〕留學生打工掙錢交學費和補貼生活費用，在本世紀初那是一種罕見行爲。魯迅、周作人、田漢、郁達夫、張資平、陶晶孫等在留學期間就不曾出去打工賺錢，如果不是情非得已，自尊、好強的郭沫若想必不會這麼做。

〔註 1〕 黃淳浩編：《郭沫若書信集》（上），中國社會科學出版社，1992 年，第 53 頁。

　　我們在福岡時的生活是清貧的。父親正在大學的醫學部讀書，我們全家都是靠父親的助學金過活。學醫的學生需要德文的醫書。書價異常昂貴，母親就儘量撙節開支。我記得經常是拿五分錢去買燒紅薯，這便是我們全家的中飯。……偶爾父親從箱崎車站買一種叫「驛便當」的飯盒，那是臺上賣給旅客的用木片飯盒裝的便飯。裏面有燒魚、雞蛋、肉、蔬菜和大米飯。記得要花二角五分錢。這卻是我們的一頓佳肴盛餐，那大概是父親臨時有了稿費收入或者別剛領回助學金吧。

　　我的另一個記憶是那時我家常常搬家。後來知道，為了節省開支，找那些更便宜的住處。我們搬家是很簡單的，沒有多少家當，手提背篼兒，往返幾次就搬完了。〔註2〕

　　通過長子郭和生的回憶我們知道，郭沫若一家在食和住方面都是清貧、拮据的。只有臨時有了稿費收入或者領回助學金才有可能吃得好一點，住得好一些。否則，一家人只好東蹲西挪、處處節省。在福岡生活的幾年，郭沫若的經濟生活總體印象可以用「貧困」兩字來囊括。

　　我們也可以從郭沫若的好友田漢的眼睛來瞥見郭家生活。1920 年 3 月，書信往來密切的田漢和郭沫若第一次見面，正逢郭沫若第二個兒子博孫誕生剛滿三天，「我因為沒錢請用人，一切家中的雜物是自己動手」〔註3〕，客人來了，吃的菜「只是些白水煮豆腐，蘿葍打清湯」，外加「兩片焦牛肉」〔註4〕。看到郭沫若一家困窘而狼狽的場面，田漢留下一句意味深長的話：「有人說結婚是戀愛之墳墓的」〔註5〕。田漢覺得郭沫若煙火氣太重，「往來的是產婆下女，關心的是柴米油田，這樣是會把詩藝之神駭到天外去的。」一句「往來的是產婆」帶給郭沫若「不小的侮蔑」，他辯解到：「我假如有錢，誰去幹那樣的事？……」〔註6〕逼仄的生活讓郭沫若一家過著貧窮的日子，也讓他在朋

〔註2〕　郭和生：《回憶旅居日本時的父親》，王訓昭編：《郭沫若研究資料》（上），中國社會科學出版社，1986 年，第 508、510 頁。

〔註3〕　郭沫若：《郭沫若全集》（文學編・第 12 卷），人民文學出版社，1992 年，第 69 頁。

〔註4〕　黃淳浩編：《郭沫若書信集》（上），中國社會科學出版社，1992 年，第 109 頁。

〔註5〕　郭沫若：《郭沫若全集》（文學編・第 15 卷），人民文學出版社，1990 年，第 116 頁。

〔註6〕　郭沫若：《郭沫若全集》（文學編・第 12 卷），人民文學出版社，1992 年，第 71 頁。

友面前擡不起頭來。有了妻兒，有了家庭，郭沫若的留學生涯充滿酸楚，他不得不想盡辦法解決經濟困境。對他而言，搞創作拿稿費是最有利的兼職。因此，郭沫若渴盼借助作品來獲得經濟上的資助。正是在經濟困窘時期，郭沫若發表了大量的文學作品，詩歌、小說、翻譯等，各個領域全面出擊。

> 說來也很奇怪，我自己就好像是一座作詩的工廠，詩一有了銷路，詩的生產便愈加旺盛起來，在一九一九年與一九二 0 年之交的幾個月間，我幾乎每天都在詩的陶醉裡。〔註7〕

只要有銷路，郭沫若就有創作的動力。新詩每 20 行算 1000 字，每千字以最低的 2 元計算，投給商業雜誌也能獲取一些稿費。如果輯錄成詩集出版，就更能獲取經濟報酬了。郭沫若於 1921 年出版了第一部詩集《女神》，這些詩歌大都創作於 1919 年至 1920 年間。1923 年出版了第二部詩集《星空》，集子裡的三四十首詩歌寫於 1921 年和 1922 年。李潔非指出：「與我們歷來詩意的想像多少不同，郭沫若井噴的創作、奮力的筆耕，並不只受到『五四』時期狂飆突進氣息的催動，也是囊中羞澀的表徵。」〔註8〕所言極是，郭沫若勤奮的創作，很大程度上是爲了謀取經濟利益，帶有明顯的功利主義色彩。

在談到藝術功利主義的看法時，他說：

> 這種功力主義的動機說，從前我也曾懷抱過來；有時在詩歌之中借披件社會主義的皮毛，漫作驢鳴犬吠，有時窮得沒法的時候，又想專門做些稿子來賣錢，但是我在此處如實地告白：我是完全懺悔了。
>
> 〔註9〕

此文最初發表於 1922 年 8 月 4 日的《時事新報・學燈》。早期的文學創作，郭沫若的確是懷抱過功利主義思想的。他的創作有時不是信手捏來的產物，不是餘裕時的產物，也不是一種純藝術行爲。相反，困窘的經濟生活逼迫著他拿起文學之筆「專門做些稿子來賣錢」。爲此，郭沫若清楚他的創作動機，也許確實有過懺悔。但事實而言，1922 年以後郭沫若的文學創作，賣錢之心更重，稿費誘惑大於靈感創作。貧困的經濟生活越發將他拉進了賣文爲生的功利主義之路。奇怪地是，郭沫若在修訂新版本時，卻將後半部分刪去了，

〔註7〕 郭沫若：《郭沫若全集》（文學編・第 12 卷），人民文學出版社，1992 年，第 68 頁。

〔註8〕 李潔非：《郭沫若：碰壁與轉變》，《傳記文學》，2011 年第 5 期，第 60 頁。

〔註9〕 郭沫若：《郭沫若全集》（文學編・第 15 卷），人民文學出版社，1990 年，第 228 頁。

後期的郭沫若似乎想隱藏他文學創作的功利性。但考察郭沫若早期的文學創作，尤其是他的自傳《創作十年》和《創作十年續篇》以及寫給家人朋友的書信言談，我們都深切地感受到他一直在「哭窮」，一直在為經濟而發愁。一旦告知稿子可以賺錢，便欣喜若狂，一旦稿子不被採用，便自卑氣憤。無論是創作還是譯稿，腦海中的第一反映都想著解決生活的困境。

在孩子將生之前，我為麵包所迫，也曾向我精神上的先生太戈兒求過點物質的幫助。我把他的《新月集》、《園丁集》、《曷檀伽裏》三部詩集選了一部《太戈兒詩選》，想寄回上海來賣點錢。但是那時的太戈兒在我們中國還不吃香，我寫信去問商務印書館，商務不要。我又寫信去問中華書局，中華也不要。……啊，終究是我自己的墮落，我和太戈兒的精神的聯絡從此便遭了打擊。〔註 10〕

翻譯《泰戈爾詩選》是為「賣點錢」，沒能出版獲得稿酬，從此和泰戈爾遠離了。同樣是缺錢，1918 年夏郭沫若翻譯了一部《海涅詩選》，仍吃了兩大出版商的閉門羹。1918 年秋多，郭沫若創作了第一篇小說《骷髏》，向上海《東方雜誌》投稿，《東方雜誌》給予作家的稿費是豐厚的，可惜未被採用，退回後被他憤然付之一炬。1919 年夏，郭沫若零星翻譯了《浮士德》詩篇，碰巧接到《時事新報》主編張東蓀信，約請全譯《浮士德》，「條件在《時事新報》上有廣告登著，售稿或版稅都聽隨自便。」〔註 11〕郭沫若非常高興，賣力地翻譯了兩個月，不料卻沒有了下文，譯稿又遭了鼠災。

泰東要標點他的全集，要我做篇序，因此我也就樂於溫理了一番舊業。但不用說也還有一種迫切的要求——是想弄幾塊錢的稿費來維持生活；不幸這個物質要求卻沒有達到。〔註 12〕

六月裡我又重溫習了一遍王陽明全集，我本打算做一篇長篇的王陽明的研究，但因稿費無眷，我也就中止了，白白花費了我將近一個月的工夫！〔註 13〕

在《創造十年》、給成仿吾的書信中，郭沫若真實地表示為《陽明全集》

〔註 10〕郭沫若：《郭沫若全集》（文學編・第 15 卷），人民文學出版社，1990 年，第 270～271 頁。

〔註 11〕郭沫若：《郭沫若全集》（文學編・第 12 卷），人民文學出版社，1992 年，第 74 頁。

〔註 12〕郭沫若：《郭沫若全集》（文學編・第 12 卷），人民文學出版社，1992 年，第 209 頁。

〔註 13〕黃淳浩編：《郭沫若書信集》（上），中國社會科學出版社，1992 年，第 232 頁。

作序是為稿費，做長篇的研究因無稿費而中止。創作的功利性可見一斑。郭沫若無數次談到翻譯河上肇的《社會組織與社會革命》一書帶給他思想上重大的改變，但郭對它的翻譯，仍掩飾不了當初賺取稿費的功利之心：

　　一得到了作者所自行編纂的總集，加上我對於社會科學的憧憬，更加上一家的生活迫切地有待解決之必要，於是乎便開始了對於它的翻譯。〔註14〕

　　書成後賣稿的計劃生了變更，聽了友人的要求將以作為叢書之一種，遂不得不變成版稅，然而我們這兩月來的生活，卻真真苦煞了。〔註15〕

　　郭沫若坦言翻譯《社會組織與社會革命》也是想解決經濟問題。對郭沫若思想改變這麼重要的書籍，他仍將此書「剛好譯完便拿去當了五角錢來」〔註16〕。我們不得不說，郭沫若後期的轉變，關鍵的因素也許不是此書帶給他的革命性的影響，恰恰是困窘的經濟遭遇未能通過賣文為生得到解決，加速了他轉向政治革命的道路。

　　窮得沒法了，做小說沒有心緒，而且也沒有時間。我只好把這剩下的這本《新時代》的德譯本來移譯，我從七月初頭譯起，譯到昨大晚上才澤完了，整整譯了四十天。……在上海的朋友都已雲散風流，我在這時候把這《新時代》譯成，做第一次的賣文生活，我假如能變換得若干錢來，拯救我可憐的妻孥，我也可以感受些清淡的安樂呢。〔註17〕

　　此時郭沫若畢業一年多了，官費消失，工作無著，房東催租，一家人過著上頓不知下頓的悲慘生活。好友送他的《新時代》「當不成錢」，便轉而翻譯《新時代》企盼獲得稿酬，拯救嗷嗷待哺的家人。

　　通過譯著或者創作賺取稿費，這是現代作家的權利。作家創作出一部作品，一方面通過它抒發性靈、表達對社會人生的見解，另一方面也希望它獲得稿酬，達到一箭雙雕的目的。這都是可以理解的。所以，我們不能說，郭沫若在回憶錄中談及自己創作是為稿酬，就是一味地功利和現實。相反，我們要看到他功利的背後也有創作時的自由與超脫。畢竟，作家的創作是一種

〔註14〕郭沫若：《郭沫若全集》（文學編・第12卷），人民文學出版社，1992年，第204頁。

〔註15〕黃淳浩編：《郭沫若書信集》（上），中國社會科學出版社，1992年，第230頁。

〔註16〕黃淳浩編：《郭沫若書信集》（上），中國社會科學出版社，1992年，第232頁。

〔註17〕黃淳浩編：《郭沫若書信集》（上），中國社會科學出版社，1992年，第236～237頁。

複雜的行爲。郭沫若不斷投稿給沒有任何稿酬的《時事新報‧學燈》，說明他也有自己的文學理想，創作也帶有無目的論。但總體而言，早期的郭沫若因爲經濟的壓力，對作品的經濟利益會看得比其他作家更重一些。這在某方面甚至影響了他的性格和行爲。一方面，賺稿不易，碰壁與受挫，令他焦灼失望、憤世嫉俗，內心充滿屈辱，以至生成「屈原情結」。這一時期，原本熱情好交際的郭沫若開始生出「不帶貴」的脾氣，怕見上人，不拜訪名人，似乎有些仇富的情緒存在。另一方面，郭沫若在他的創作中將現實中的遭遇融化爲創作的題材，講訴物質貧乏帶給人的痛苦與折磨。名劇《屈原》，詩歌《孤竹君之二子》、《勵失業的友人》、《我看見那資本殺人》、《金錢的魔力》等。郭沫若是聰明之人，生活的單純，經歷的簡單，不足以產生偉大的作品。但現實中遭遇的困境，貧窮的生活、他人的地獄，都被他寫進了詩歌、小說、戲劇、書信、自傳等作品中，成爲了創作的素材和情緒的演化。

　　《資本論》的翻譯計劃既歸失敗，結局是只好在上海灘上過著賣文生活。這樣寫起來，在現在的作家眼裡，或許會感覺著不愉快，因爲「賣文」是作家應有的權利，沒有什麼榮譽可言。否，文章能夠賣錢，而且愈能夠賣，賣的錢能夠愈多，倒要算是作家的榮耀。但在當時的我卻使視爲萬事失敗了所剩下的一條絕路。我自己是充分地受過封建式教育的人，把文章來賣錢，在舊時是視爲江湖派，是文人中的最下流。因此，凡是稍自矜持的人，總不肯走到這一步。由賣文爲辱轉爲賣文爲榮，這是一個社會革命，是由封建意識轉變而爲資本主義的革命。我自己在那時是經過了這種意識上的革命來的。開始向商務印書館賣稿就是在這個時候，我的《喀爾美蘿姑娘》、《行路難》、《落葉》，便連續在《東方雜誌》上出現了。在這些作品之外，也還陸續地賣了不少的譯文。屠格涅夫的《新時代》、河上肇的《社會組織與社會革命》、霍普特曼的《異端》、約翰沁孤的《戲曲集》、高斯華綏的《爭鬥》，都是在這前後一二年間先先後後地化成了麵包的。〔註18〕

　　在福岡生活的 6 年，郭沫若深切地感受到了生存的艱難。不斷地搬家，要麼嫌房租貴，要麼拖欠租金被房東趕了出來。安娜、孩子、住房、生活、學業，這些東西令他絞盡腦汁，東蹲西挪。原本具有傳統封建意識的郭沫若，開始「樂言錢，不恥錢」、「著書就爲稻粱謀」，充當起了賣文爲生的撰稿人。

〔註18〕郭沫若：《郭沫若全集》（文學編‧第 12 卷），人民文學出版社，1992 年，第
　　　　219～220 頁。

整個社會氛圍也發生了改變,「大約在 1922 年左右,五四新文學運動的文化人開始注重稿費、版稅收入」〔註 19〕,出現了一批批依靠寫作為生的「自由職業者」。郭沫若在生活無著,憎惡醫學,對文學狂熱時期,回到國內創辦了著名的創造社。為辦好一份理想的文藝雜誌,他來往於上海和日本之間,組織人手和稿件、切磋商討辦刊事宜。《創造季刊》終於創刊了,郭沫若等住在泰東書局辛苦編稿、譯稿、拉稿,三個月總共拿到 143 元。《創造》季刊創刊兩三個月來銷掉了 1500 部,在當時的文化市場上已經是很不錯的成果了。通過辦刊獲得了一些收入。以郭沫若的名氣,寫稿投給商業雜誌也能獲取千字 4 元或 5 元的稿酬。他和宗白華、田漢合作出版了散文通信《三葉集》以及《女神》,都曾轟動一時,獲得了良好的經濟效益。郭沫若曾十分興奮地告訴父母:「日前奉到北京來款四百元之後,不久又奉到渝城聚興誠匯款,並且自去年十二月起,官費復活,近來男之生活已非常富裕矣。餘款尚有四百圓之數現存銀行,可備不時之用。」〔註 20〕由於泰東書局的盤剝,工作數月不給薪金,後期創造社銷路也不佳,靠文筆吃飯養家總有些不穩妥,郭沫若決定還是繼續完成學業比較安全。不管怎樣,困窘的經濟生活迫使他積極融入到文學的市場經濟大潮中,有挫折也有甜頭。

二

郭沫若前期(1927 年以前)的小說創作,相當一部分以經濟困窘為中心,以日常私生活片段或親身體驗為素材,創作了大量的訴說貧困或饑餓一類的小說。仔細考察郭沫若這一時期的經濟生活,我們會發現:越是經濟緊張,越是從事小說創作,越是需要賣文度日,就越是描寫貧困和如何寫稿。

1927 年以前,以貧困為題材創作的小說約有 15 篇,列表如下:

題目	寫作時間	發表時間	發表刊物
鼠災	1920 年 1 月 10 日	1920 年 1 月 26 日	時事新報·學燈
鶵雛	1923 年 6 月 22 日	1923 年 7 月 7 日	創造周報
函谷關	1923 年 8 月 10 日	1923 年 8 月 19 日	創造周報
月蝕	1923 年 8 月 28 日	1923 年 9 月 2 日	創造周報

〔註 19〕陳明遠:《文化人的經濟生活》,陝西人民出版社,2010 年,第 149 頁。
〔註 20〕黃淳浩編:《郭沫若書信集》(上),中國社會科學出版社,1992 年,第 60 頁。

歧路	1924 年 2 月 17 日	1924 年 3 月初旬	創造周報
聖者	1924 年 2 月 22 日	1924 年 3 月 2 日	創造周報
煉獄	1924 年 3 月 7 日	1924 年 3 月 16 日	創造周報
十字架	1924 年 3 月 18 日	1924 年 4 月 5 日	創造周報
陽春別	1924 年 8 月 15 日	1924 年 12 月	孤軍
人力之上	1924 年 9 月 12 日	1925 年 4 月 27、28 日	晨報副鐫
萬引	1924 年 9 月 19 日	1925 年 1 月 31 日	學藝
行路難	1924 年 10 月 15 日	1925 年 4 月 10、25 日	東方雜誌
後悔	1926 年 2 月 22 日	1927 年 2 月 1 日	創造月刊
紅瓜	1926 年 6 月 1 日	1926 年 6 月 1 日	洪水
矛盾的調和	1926 年 12 月 1 日	1926 年 12 月 1 日	洪水週年增刊

　　從寫作時間來看，除《鼠災》寫在 1920 年外，其餘篇目全部寫在 1923 年 3 月份以後。這是一種巧合還是有特別的意味？考察郭沫若的生平事跡，我們知道，恰恰是在 1923 年 3 月 31 日拿到醫學學位以後，郭沫若失去了官費的支持。一個人用的官費不足以支撐五口人的家庭，但每個月畢竟還有一份收入。畢業以後，他卻失去了這種資格，從此沒有任何經濟來源。這意味著，他要靠自己的能力獨立承擔一家五口的生活。獲得的醫學文憑，不過是個擺設，身體的原因以及性情的不適，終究不能靠醫學賺錢養家。在異國他鄉生存困難，於是帶著妻兒再次回國。此次回國不單純是為了文學事業，而是想做一名職業的撰稿人。他心裡也清楚，賣文為生並不是一個穩妥的職業。1921 年回國辦刊物、寫稿件的碰壁與艱辛，使他對賣文為生是深感懷疑的。但此刻尋求不到改變生計的更好辦法，只好再次借助稿件養家糊口。這時候我們發現，郭沫若的寫作題材和文學樣式都發生了變化。郭原本是一個浪漫派詩人，成名詩集《女神》雄渾高昂、狂放不羈，強悍地抒寫了一個大宇宙，一個頂天立地的大我。奇怪的是，這一時期他卻以現實中陰暗的私生活為題材，在小說中大量地描寫他的貧困，他的日常瑣事，甚至他如何創作、如何寫稿都是小說中表現的內容。寫詩與寫小說的主題和風格相差甚遠，讓人頗感詫異。郭沫若要與文壇唱反調麼？還是致力於塑造一個多面寫手？否，最直接的原因在於通過寫小說獲取更多的稿酬。郭沫若擅長於寫詩，最容易受情緒或環境激發創造一首首詩，但詩歌在中國是不值錢的。

　　中國人買詩，是和散文一樣照著字數計算的。他的三首詩合計不上四百

字，不說他那樣的詩，中國現在不會有人要，即使有人要，並且以最高價格一千字五元來買他，也還不上兩塊錢，這還不夠他的一天旅費的三分之一呢！〔註21〕

現實已經讓他認識到僅靠寫詩絕對不能養家糊口，必須寫散文，寫小說，甚至寫長篇，必須規定自己每天寫多少字，每天要完成多少任務，這樣才能確保一家人的溫飽。如果不能生成文字，一家人的生活都將陷入困境之中。寫稿，成為郭沫若一家中最要緊和最關注的事情，也是維繫郭沫若一家生活的重要支柱。

房錢是六塊錢一天，伙食一切通通在內，他們便定了一個新生活的規程。頂要緊的是每天至少要寫三千字的文章。

我每個月只要做得上四五萬字，便可以從麵包堆裡浮泛起來。我受著麵包的逼迫，不能久貪安閒，我一定可以寫，可以長寫，這是我布出的一種背水陣。

啊，長篇創作！長篇創作！我在這一兩個月之內總要弄出一個頭緒來。書名都有了，可以叫做「潔光」。

「你要聽話些呀，博兒。你爹爹因為你們攪著做不出文章來，要到古湯去做文章的呢。爹爹做不出文章來，你們便沒有飯吃。」

我們的生活實在是不安，實在是危險，我們是帶著死神在飄泊呀。……在這一兩個月內做不出文章來，以後的生活怎堪設想呀！……啊，危險，危險！〔註22〕

這些文字全部出自郭沫若的自敘傳小說。郭沫若在他的小說中反覆抒寫寫作對於麵包的重要性，寫作對他而言就是賺錢的機器，維持家庭溫飽的生計。然而，繁瑣操心的家庭生活，孩子們的吵鬧干擾，內心的焦慮彷徨，生活的枯燥單調……林林總總的事情積壓在他的身體和內心，郭沫若努力地想創作卻每每失敗告終。

背著小兒燒著火，叫你一面去寫小說，你除非是遍體有孫悟空的毫毛，恐怕怎麼也不能把身子分掉罷？你哪有感興會來？哪有思想會磅礴呢？

〔註21〕 郭沫若：《郭沫若全集》（文學編・第9卷），人民文學出版社，1985年，第329頁。

〔註22〕 郭沫若：《郭沫若全集》（文學編・第9卷），人民文學出版社，1985年，分別在第326、331、248、381、323頁。

《新生活日記》自十月六日以後便成了白紙了。他為生活所迫，每日不能不作若干字的散文，但是他自入山裡來，他的環境通是詩，他所計劃著的小說和散文終竟不能寫出。

前有餓鬼臨門，後有牛刀架頸，如此狀態，誰能作文？

況復腦如是冥冥，耳如是薨薨，情感如是焦渦，心緒如是不寧，我縱使是造文機器，已頹圮如斯，寧可不稍加修潤耶？〔註 23〕

如此狀況，郭沫若最容易產生的莫過於社會對他的壓迫，訴說貧困潦倒的生活，寫作的艱難等一類的作品。當然，他並非不想從事一些更有價值和意義的寫作，只是窘迫的經濟生活、糟糕的寫作環境容不得他從容構思、精心裁剪其他主題的小說。生計的艱難，賺錢的艱辛，致使郭沫若一家過著輾轉漂泊、東挪西湊的生活，備受折磨和歧視。郭沫若將現實中自己的生活經歷和情感心態為底本，用他特有的文學手段、敘述方式真實地表現了自身生命歷程中一段屏弱的經歷。《月蝕》、《聖者》、《漂流三部曲》、《行路難》、《紅瓜》、《後悔》、《矛盾的調和》等這些小說都是以經濟困窘為中心，表現自己的感受與情緒。郭沫若也承認，「當時的生活記錄大體就留在了《橄欖》裡面」〔註 24〕。尤其是《漂流三部曲》、《行路難》，詳細記錄了他的家庭生活、他的經濟狀況、他的性格情感，他的缺陷困擾，「盡性地把以往披在身上的矜持的甲冑通統剝脫了」〔註 25〕。《鼠災》、《陽春別》、《萬引》、《人力之上》等雖以他人的名字和故事為題材，《鼠災》中的方平甫、《陽春別》裡的王凱雲、《萬引》裡的松野、《人力之上》中的 S，其遭遇不完全與創作主體吻合，實際上仍是郭沫若從自我的人生經歷中、自我的情緒心境中繁衍出來的，有些甚至就是自己的真實經歷，不過是換了一個名號而已。

以「貧困題材」為基調的小說實際上是郭沫若將現實中的自我納入到小說的敘述內容中。「文藝家在做社會人的經驗缺乏的時候，只好寫自己的極狹隘的生活，這正和章魚吃腳相類。」〔註 26〕也就是說，郭沫若的經濟生活正是他藉

〔註 23〕郭沫若：《郭沫若全集》（文學編・第 9 卷），人民文學出版社，1985 年，第331、329 頁。

〔註 24〕郭沫若：《郭沫若全集》（文學編・第 12 卷），人民文學出版社，1992 年，第210 頁。

〔註 25〕郭沫若：《郭沫若全集》（文學編・第 12 卷），人民文學出版社，1992 年，第184~185 頁。

〔註 26〕陳漱渝編：《郭沫若日記》，山西教育出版社，1998 年，第 51 頁。

以利用的題材。目前的經濟生活正是他最真實、最利於觸動的一面。「由靈魂深處流瀉出來的悲哀，然後才能震撼讀者的靈魂」〔註27〕，於是在小說中真實地披露自己的經歷和心境。郭沫若的自敘傳小說不單純是受了日本「私小說」的借鑒，更重要的原因恐怕是自己的經濟困境與日本「私小說」在生活和精神上都達到了默契的契合。日本的私小說寫作是一種純藝術行為，一種文學的信仰。郭沫若顯然不是，他經常在藝術與生活這兩個方向中矛盾與糾結。貧乏的物質生活，生存的巨大壓力，使他對藝術抱有較強的功利主義思想。一時間，他覺得藝術、文學、名譽、事業都不過是「鍍金的套狗圈」，「我不要丟去了我的人性做個甚麼藝術家，我只要赤裸裸的做著一個人」〔註28〕。對郭沫若而言，他首先要解決的是生活，是丈夫和父親的責任，是承擔一個家庭的經濟生活。1923年以後郭沫若的經濟狀況，著名書信《孤鴻——致成仿吾的一封信》（1924年8月9日）中具體詳細地敘述了他貧困潦倒、饑餓絕望的生存遭遇。「萬事都是錢。錢就是命！」〔註29〕，深不可測的隱憂擊蕩著郭沫若的內心深處，在強大的經濟力量面前，郭沫若迅速地擷取現實中的經濟生活創作一系列的貧困題材小說，轉化為稿酬。

作為歷史小說《鵷雛》、《函谷關》等，郭沫若仍將莊周和老聃演化為自我情思的載體，竭力訴說他們的貧困，物質的力量足以改變他們的理想與信仰。《鵷雛》中莊周把漆園吏的官職丟掉，用餘錢買了苧麻來打草鞋生活，草鞋賣不出去，莊周「餓得不能忍耐」，提著草鞋去找舊友河堤監督換兩升小米，不料以未發薪水為由，冷漠拒絕。只好啃草鞋為生，草鞋啃多了滿腦子都想要「有血有肉的鮮味」，於是去找他唯一的知己惠施，卻被惠施誤認為搶他的宰相之位而抓了起來。在饑餓的驅使下，莊周放下孤傲的性情向友人求救，被他人誤解，生存問題仍不能解決。《函谷關》中的老聃為顯示自己的高潔，高談道德跑到沙漠中，不料折了一頭青牛，還差點斷送了自己的老命。饑渴難忍的他以致殺牛保命，做了名副其實的偽君子。沙漠體驗，老聃終於反省

〔註27〕 郭沫若：《郭沫若全集》（文學編·第15卷），人民文學出版社，1990年，第227頁。

〔註28〕 郭沫若：《郭沫若全集》（文學編·第9卷），人民文學出版社，1985年，第270頁。

〔註29〕 郭沫若：《郭沫若全集》（文學編·第9卷），人民文學出版社，1985年，第329頁。

到之前所做的都是虛妄，「一瓶清水，兩張麥餅」「如享太牢，如登春泰」〔註30〕，只有飲和食才是人間最寶貴的東西。在強大的生存面前，老聃懺悔了，覺醒了，世俗化了，一把火燒了誤人的《道德經》，轉向現實的生存哲學：「與其高談道德跑到沙漠裡來，倒不如走向民間去種一莖一穗」，「我要回到人間去，認眞地過一番人的生活來」。〔註31〕反觀郭沫若的人生經歷，1926 年以後轉向社會革命和政治生涯，放棄文學謀生的道路，《鶖雛》、《函谷關》中的莊周、老聃不過是郭沫若「藉著古人的皮毛來說自己的話」〔註32〕而已。以歷史人物爲創作題材，背後仍是郭沫若自我情思的載體，是主體心理現實的對象化。

筆者以爲，郭沫若的經濟生活對他而言，不僅僅是一種生存困境，更是一種寫作的對象和內容。考察郭沫若的經濟生活，我們知道他在 1918～1926 這幾年確實是過著緊張、貧窮的生活。這種貧窮並非如乞丐一樣遭遇到了生命威脅的程度，但他的「哭窮」是眞實可靠的。這種貧窮很大程度上建立在他人經濟狀況的對比和自身家庭經濟狀況的自量。和他同一時期的名人魯迅、徐志摩、胡適等都過著比較閒裕的生活。顯然，郭沫若發現了這種差距和失落，以致抱怨和自卑。他在作品中「哭窮」，是對社會和現實的控訴，建構起現代知識份子困厄傾頹的生存語境，也是撫慰心靈，宣泄情緒的最好方式。「哭窮」富有意味地成爲了郭沫若早期創作的一個獨特的現象。他經常在作品中提及經濟（金錢）對他創作的影響，而且把困窘的經濟生活、寫稿的狀態帶進了他的創作中，也喜歡在自傳、書信中哭窮，給我們塑造了一個貧困潦倒的早期郭沫若形象。考察其他的作家，例如以寫「身邊小說」出名的郁達夫，顯然沒有出現過這樣的情況。當然，作家創作是一個複雜的過程，有多種因素的融合。筆者採取經濟生活這一外因，考察郭沫若的文學創作，絕不是想說明經濟生活就是他文學創作的全貌（必須承認郭沫若的文學創作是豐富複雜的），而是希望通過重視作家的經濟體驗，理解生存文化對於作家創作的重要性。生存哲學對於人類來說尤其要緊，人要生存要溫飽要發展，

〔註30〕郭沫若：《郭沫若全集》（文學編·第 10 卷），人民文學出版社，1985 年，第 157 頁。

〔註31〕郭沫若：《郭沫若全集》（文學編·第 10 卷），人民文學出版社，1985 年，第 159 頁。

〔註32〕郭沫若：《郭沫若全集》（文學編·第 12 卷），人民文學出版社，1992 年，第 79 頁。

必須要有一定的經濟保障。沒有經濟保障，藝術之花也許粗糙也許畸形。對作家而言，物質生活也將影響到他的性格與命運。接近十年時間的窮偃不起，幾年貧困潦倒的生活，深刻地作用了郭沫若的思想和性格，也爲他早期的文學創作投下了深重的陰影。

【作者簡介】

　　李金鳳（1986～），女，江西贛州人，四川大學文學與新聞學院 2011 級博士研究生，研究方向：中國現當代文學與現代文化。

肆、《駱駝祥子》與民國一二十年代的農村經濟

任冬梅

摘　要

　　歷來對《駱駝祥子》的研究都將視線集中在祥子進入城市以後的遭遇上，對於祥子背棄鄉村來到城市的原因，卻沒有過多的探討。祥子離開鄉村來到城市，是由於 1923 年前後日益嚴重的農村經濟衰落，而祥子進入城市之後表現出的對鄉村的徹底背棄，也能從 1928 年以後的農村經濟大蕭條上找到一部分原因。一旦進入城市以後，祥子就表現出對於城市的無比熱愛，卻沒有絲毫的「懷鄉之情」，有論者注意到這一點，認爲是由於老舍自己「缺乏鄉村體驗」，因而描寫出不符合農村人性格實際的祥子。但是，如果我們從當時的經濟情況入手分析，聯繫當時農村經濟的實際，並且和城市生活進行一個對比，就會發現祥子的這種情感傾向是有其現實根據的，並非老舍在描寫上的缺失。

關鍵字：祥子，民國，農村經濟，城市，世界經濟危機

《駱駝祥子》是作家老舍先生的名作，以北平（今北京）一個人力車夫祥子的行蹤為線索，以 20 世紀 20 年代末 30 年代初的北平市民生活為背景，講述了祥子坎坷、悲慘的生活遭遇，是中國現代文學中的名篇。這部小說的現實主義深刻性在於，它不僅描寫了嚴酷的生活環境對於祥子的物質剝奪，而且還刻畫了祥子在生活理想被毀壞後的精神墮落。「他沒了心，他的心被人家摘去了。」一個勤勞善良的農村青年，就這樣被改塑為一個行屍走肉般的無業游民。

「經典」之所以成為「經典」，是因為「經典」作為人類的一種精神個體和藝術原創世界的結晶，凝結著作者對自身和世界的思考和感受，包含著濃鬱的情感因素；還因為「經典」在歷史的進程中經歷了一代代讀者的閱讀檢驗，有著深廣的意蘊和精深的藝術技巧，像一座永遠也不可能窮盡的藝術寶藏，只有我們勘採的次數多了，才能探得更深，才能獲得更多。作為經典的《駱駝祥子》，自然可以讓讀者每一次重讀都有新的發現，讓讀者從不同的角度解讀出與自己時代相關的意義。

一

歷來對《駱駝祥子》的研究都將視線集中在祥子進入城市以後的遭遇上，對於祥子背棄鄉村來到城市的原因，卻沒有進行過多的探討。祥子來到城市的原因，老舍在小說中只有寥寥幾句交代：「生長在鄉間，失去了父母和幾畝薄田，十八歲的時候便跑到城裏來。帶著鄉間小夥子的足壯與誠實，凡是以賣力氣就能吃飯的事他幾乎全做過。可是，不久他就看出來，拉車是件更容易掙錢的事；作別的苦工，收入是有限的；拉車多著一些變化與機會，不知道在什麼時候與地點就會遇到一些多於所希望的報酬。」而一旦進入城市以後，祥子就表現出對於城市的無比熱愛，卻沒有絲毫的「懷鄉之情」。有論者[註1]注意到這一點，認為是由於老舍自己「畢竟沒有更多地接觸過鄉村，沒有鄉村生活的體驗」，因而描寫出不符合農村人性格實際的祥子，這是老舍在形象塑造上的「缺失」。但是，如果我們從當時的經濟情況入手分析，聯繫當時農村經濟的實際，並且和城市生活進行一個對比，就會發現祥子的這種情感傾向是有其現實根據的，並非老舍在描寫上的缺失。

〔註 1〕 見蘇奎：《土地·車·城市——再讀〈駱駝祥子〉》，《名作欣賞》，2008 年 3 月。

　　據陳永志在《〈駱駝祥子〉反映的年代新證》〔註2〕裡考證，小說《駱駝祥子》裡反映的年代是從 1928 年到 1931 年這四年，1928 年的時候祥子正好 23 歲。那麼往回倒推五年，祥子 18 歲的時候，應當是 1923 年。正是在這一年，祥子離開鄉村跑到了城裡來。那麼，1923 年前後的中國鄉村大概是什麼樣子的呢？那時的祥子為什麼會失去「幾畝薄田」？像他這樣一個年輕力壯的小夥子為什麼無法繼續在鄉村生活下去，而要來到城市裡謀生？

　　民國初年，由於連年軍閥割據混戰，廣大農村基本上沒有發生重大變化，一家一戶的小農生產仍占絕對優勢。土地不足，缺乏先進的農業技術，「耕者無其田」，地主的地租和官府的田賦過重，加上天災人禍，很難使農民有擴大再生產的能力。民國初年到民國二十年的這 20 年間，農村經濟持續衰落，主要表現在以下幾個方面：首先是資金匱乏，難以擴大再生產。據 1926～1927 年間對廣東、江蘇、四川 5 縣的調查顯示，農戶中年收入的 20～30%用於生產方面，60～70%用於生活必須消費。如此低的農業再投入，哪裡還談得上擴大再生產。〔註3〕第二是生產技術落後。當時農村的主要農具仍然十分原始，主要勞動力是人力，稍微富裕的農民才有牛來耕地。第三，耕地面積增加甚少，有些地方還在減少。據調查，當時除東北、西藏、西康、新疆等邊遠省外，全國 22 個省的耕地面積一直維持在 1873 年的水平。1933 年的全國人均耕地數量與 1913 年相比還下降了。〔註4〕第四，某些地區某些農作物的產量在下降。其中棉花下降最為明顯。1919 年全國有棉田 3126 餘萬畝，產棉 903 萬擔，到 1926 年下降到 737.8 萬餘畝，產棉 568 萬擔，下降了 37.1%〔註5〕，其他還有不少糧食作物的產量也在降低。

　　第五，也是和祥子最直接相關的一點，就是小生產者經濟地位的下降，生活日益貧困。主要表現在自耕農數量減少，地主、佃農數量的增加。據四川調查資料顯示，川北的自耕農由 1912 年的占 15%下降到 1927 年的占 12%〔註6〕。對廣東新會縣慈溪鄉的調查表明，1919 年擁有 160 畝土地以上的地主占總戶數

〔註2〕　陳永志：《〈駱駝祥子〉反映的年代新證》，《文學評論》，1980 年第 5 期。
〔註3〕　陸仰淵、方慶秋主編：《民國社會經濟史》，中國經濟出版社，1991 年，第 208 頁。
〔註4〕　秦孝儀主編：《中華民國經濟發展史》，第一冊，近代中國出版社，1983 年，第 268 頁。
〔註5〕　侯厚培：《中國近代經濟發展史》，上海大東書局，1929 年，第 70～74 頁。
〔註6〕　黃主一：《川北農民現狀之一般》，《東方雜誌》，24 卷 16 號，1927 年 8 月號。

0.24%，到 1926 年上陞到 0.45%；每戶佔有土地 39 畝以下的農戶，由占 86.11%，上陞到 89.21%。〔註7〕這表明了貧者日貧，富者愈富的兩極分化現象。據 1922 年馬倫和戴爾仁對江蘇、浙江、安徽、河北 9 個縣調查資料顯示，農戶人均年收入在 50 元以下的占 44.9%，其中以河北省遵化、唐縣、邯鄲、冀州四縣比例最高，平均為 61.99%。〔註8〕這表明北方農村農民生活收入較南方農民收入更少。小說裡說，「祥子生在北方的鄉間」，他除北平以外能想到最遠的地方不過是天津，可以推測他很可能就來自北平附近的農村。那麼，我們可想而知，作為貧苦自耕農（「幾畝薄田」）的祥子生活是何等的艱難。1923 年有人對北京近郊成府進行了一般農戶收支狀況調查，結果是年收入 93.13 元，衣食雜項開支達 135 元，向虧欠 41.88 元。安徽休寧縣湖邊村 1924 年每戶平均收入 88.8 元，支出為 157.1 元，年虧欠達 68.3 元。〔註9〕祥子在農村的年收入在 50 元以下，而且還要面對原材料、農具的購買，衣食必須品的開支以及高昂的苛捐雜稅，這 50 元是遠遠不夠的，往往反而還會虧欠，這也是高利貸在農村日益猖獗的原因。祥子進入城市以後的拉車生活，「一天能剩一角」「平均一月有上十來個飯局，他就可以白落兩三塊的車飯錢」……雖然現實不像他想像中那麼如意，至少每月也還是能剩下錢來，還可以存起來，比在農村種地的入不敷出要好多了，至少祥子不會餓死。

二

在這樣的情況下，祥子，這個失去了父母的孤兒，又失去了幾畝薄田（就算沒有失去也無法維持生活），在農村是根本呆不下去了，因而只能進入城市謀生。那麼，在進入城市以後，祥子會懷念自己的故鄉嗎？會想著什麼時候再回去嗎？我們同樣在小說中可以找到答案，祥子被抓去當兵以後，在逃回來的路上他心裡的想法是：「他渴想再看見城市，雖然那裡沒有父母親戚，沒有任何財產，可是那裡到底是他的家，全個的城都是他的家，一到那裡他就有辦法。」他渴望著趕緊回城，城市已經成了他的「家」！祥子對於城市的「灰臭汙濁」有著一股強烈的親熱感：

〔註7〕 趙承信：《廣東慈溪土地分配調查》，《社會學界》第 5 卷，1931 年 6 月。
〔註8〕 戴樂仁（J.B.Tayler）等著，李錫周編譯：《中國農村經濟實況》，農民運動研究會，1928 年，第 5 頁。
〔註9〕 《中國經濟月刊》（英文），1925 年，2 卷第 5 號。

一氣走到了關廂。看見了人馬的忙亂，聽見了複雜刺耳的聲音，聞見了乾臭的味道，踏上了細軟汙濁的灰土，祥子想趴下去吻一吻那個灰臭的地，可愛的地，生長洋錢的地。沒有父母兄弟，沒有本家親戚，他的惟一的朋友是這座古城。這座城給了他一切，就是在這裡餓著也比鄉下可愛，這裡有的看，有的聽，到處是光色，到處是聲音；自己只要賣力氣，這裡還有數不清的錢，吃不盡穿不完的萬樣好東西。在這裡，要飯也能要到葷湯臘水的，鄉下只有棒子麵。

才到高亮橋西邊，他坐在河岸上，落了幾點熱淚！

中國社會一直有著濃重而強烈的鄉土傳統。中國農民更是和土地有著天然的緊密的聯繫，他們總是願意守著自己的一畝三分地，不到萬不得已，絕不願意和土地分開。由 20 世紀中國的「鄉土小說」、「京派文學」等小說所演繹的「鄉下人進城」母題，幾乎無一例外地都會涉及「鄉下人」或者「農民」進城後所產生的「城市異在者」的焦慮感和擺脫不掉的「懷鄉／還鄉情結」。「懷鄉／還鄉」不但構成一種心靈寄託也往往成為一種實際的選擇，尤其當這些「鄉下人」在城市生活中遭遇到挫折與困境時，一個本能的念頭和行動往往都是「逃回鄉下」。儘管在更多的情形下，「故鄉」往往成了一個回不去的所在，但是「還鄉」仍舊成為化解「進城者」精神危機和現實危機的一種有效方式。但奇怪的是，祥子進入城市以後，哪怕在好幾次走投無路的情況下，他也不願意回到鄉村裡去，反而還對於重返鄉村的行為有著強烈的牴觸情緒：

> 有時候他也往遠處想，譬如拿著手裡的幾十塊錢到天津去；到了那裡，碰巧還許改了行，不再拉車。虎妞還能追他天津去？在他的心裡，凡是坐火車去的地方必是很遠，無論怎樣她也追不了去。想得很好，可是他自己良心上知道這只是萬不得已的辦法，再分能在北平，還是在北平！

> 最好是跺腳一走。祥子不能走。就是讓他去看守北海的白塔去，他也樂意；就是不能下鄉！上別的城市？他想不出比北平再好的地方。他不能走，他願意死在這兒。

為什麼「就是不能下鄉」？這樣一個土生土長的農村小夥兒，在進入城市短短幾年之後，就已經把城市當作了自己的家，無論如何也不願意再回鄉下去，哪怕去天津——另一座城市——生活。這樣一種背棄故鄉，甚至有點「數典忘祖」的情感，究竟是怎樣在祥子身上產生的？我們仍然能從經濟上找到最

深層次的原因。

三

祥子 18 歲來到城市，是因為農村經濟的蕭條，像他這樣的自耕農根本就沒有活路，就算他身強力壯能幹活，在鄉下一樣躲不過個死，這是社會大的經濟環境所決定的。祥子不懂得什麼經濟形勢，但他也知道要活命就得離開農村。到城市以後，祥子發現「自己只要賣力氣，這裡還有數不清的錢，吃不盡穿不完的萬樣好東西。在這裡，要飯也能要到葷湯臘水的，鄉下只有棒子麵。」如此鮮明的對比，自然讓祥子記住了城市的好。那麼，在祥子進入城市之後這幾年，農村情況有沒有好轉一點的跡象呢？小說的主體故事是從祥子滿 23 歲以後開始講述的，也就是 1928 年的春天，一直到 1931 年為止。在這段時間中，我們會發現中國的鄉村經濟遭受了更嚴重的打擊。

從 1927 年起至 1930 年期間，依舊戰亂疊起。這期間蔣介石不斷與各派軍閥作戰，舉其大者，1928 年 2 月有蔣、桂、馮、閻對張作霖的戰爭，1929年 3 月爆發了蔣桂戰爭，同年 12 月有唐生智、石友三的反蔣戰爭，1930 年 4月開始又有馮、閻、桂、粵軍閥對陣蔣、奉軍閥的中原大戰，雙方投入兵力100 多萬，死傷 30 餘萬，是民國史上規模最大的一次軍閥大戰，廝殺了整整一年，戰禍遍及大半個中國。這些內戰，對農村經濟造成了極大的破壞。

同時自然災害頻頻襲擊著中國農村。據統計，1928～1935 年的八年間，水、旱、風、雹、蟲害等天災十分頻繁。1928 年～1931 年間全國災區每年平均在 15 個省左右；1932～1935 年又增加，災區平均每年達 20 個省以上。每年災民都有數千萬至上億人，經濟損失平均都有數億至數十億元。據估計，僅 1930 和 1931 年兩年的水災損失就達 20 億元〔註10〕。河南河北等省農民多以草根樹皮穀糠等物充饑，賣兒鬻女隨處可見；西北各省「為狀極慘，不但樹皮草根，剝食殆盡，即易子而食、析骨而炊之事，亦屢見不一；而災區孤兒，死傷遍野，尤可慘。」〔註 11〕由於生活所迫，廣大農民無法守土謀生，只得卷起鋪蓋，流離他鄉。

而此時，對農村經濟打擊最嚴重的則是 1929～1933 年的世界經濟大危

〔註10〕章有義：《中國近代農業史資料》，第三輯（1927～1937），三聯書店，1957
　　　　年，第 610～613 頁。
〔註11〕《申報》，1931 年 4 月 12 日。

機。由於中國農戶已經相當程度地捲入市場，農產品價格變化對農戶造成了極大的影響，西方大量過剩農產品如稻米、小麥、棉花等紛紛湧入中國，幾乎霸佔了整個中國市場。西方採用跌價銷售的辦法，極力排擠中國農產品，造成了穀賤傷農、豐收成災的嚴重局面。世界經濟大危機期間，中國農民不僅要遭受農產品跌價的損失，而且還要蒙受因工農業產品價格剪刀差擴大帶來的損失。經濟大危機造成中國出口市場萎縮和白銀外流，通貨緊縮引起農產品價格下跌與貨幣購買力下降，農戶收入減少一大截，而支出卻不但不能減少甚至還要增加，這樣就造成 30 年代前期農家普遍負債和高利貸猖獗的情況。此時的中國農業固然受國內政治形勢和氣候變化的影響，但更主要的打擊還是來源於世界經濟危機。近代以來，中國被迫捲入世界資本主義經濟體系，農民捲入市場，農產品商品化低層次擴展，加上地租和賦稅等方面的剝削和自然災害的打擊，農戶就好像汪洋大海中的一葉小舟，稍有風浪，就有可能遭受覆頂之災，世界經濟大危機對中國農村經濟的影響就是典型的例證。

因此，我們可以看到，到小說故事結束的 1931 年為止，中國農村經濟不但沒有一絲好轉的跡象，反而走向越來越困苦幾近崩潰的邊緣。這樣一來祥子對於城市生活的無限嚮往、不合常理的喜愛就找到了一個合理的解釋。祥子雖然身在北平，但不免會聽到一些來自農村的消息，這樣破敗恐怖的鄉村，怎麼能吸引他再回去？北平可以拉車，有錢就有肉吃，不會餓肚子，這裡的地是「可愛的地，生長洋錢的地」，「他想不出比北平再好的地方。他不能走，他願意死在這兒」。

四

正是因為農村經濟破敗不堪的現實，讓祥子對於北平這座城市展示了強烈的熱愛之情，對自己生活的鄉村反而沒有一絲留戀。祥子把農民對於土地的感情全部轉移到了車上，在城市裡祥子強烈地想擁有一輛屬於自己的洋車。祥子對洋車的渴望，可以看做是他對土地佔有欲望的一種轉移。中國農民對土地的情感非同尋常，對土地強烈執著的佔有欲望，成了中國農民的集體無意識，是農民性格中最重要部分。中國歷史的發展表明，歷次的農民起義中領導群體欲借助農民的力量來完成最後的勝利，所提出來的口號都會與土地發生關係，不論是李自成的「均田免糧」，還是太平天國的「天朝田畝制度」。只有這樣才能真正調動起農民參加起義的熱情，因為作為參與者的農民

關心的是經過革命自己是否能獲得土地，至於誰當皇帝並不十分在乎。

祥子出身鄉村，在他身上具有傳統農民的性格特徵，只不過因為破產而沒有辦法在農村繼續生活下去，無法重新獲得自己的土地，所以他才來到城市，並把對擁有土地的執著轉化為對擁有屬於自己洋車的強烈渴望。在祥子的世界中，洋車與土地在存在上具有同樣意義，可以保障自己現在以及未來的生活。「他只關心他的車，他的車能產生烙餅與一切吃食，它是塊萬能的田地，很馴順的隨著他走，一塊活地，寶地。」為了擁有屬於自己的洋車，祥子忍辱負重，付出了太多的艱辛與無奈。為了車，他省吃儉用，從自己的吃穿中往外省錢；為了車，一向愛惜聲譽的他開始不再顧及名譽了，開始與同行們爭搶顧客；為了車，他拉包月受盡了楊先生一家的氣；為了車，並不是為了生活而生活的他違心地接受自己並不喜愛的女人虎妞，「什麼娘們兒不可以要呢？況且她還許帶過幾輛車來呢」。洋車成了祥子生活的最高目標，成了他生活的全部，正像地道的中國農民把畢生的精力都用在侍弄與追求土地上一樣。祥子生活的場景發生了轉換，骨子裡農民所特有的執拗卻沒有改變，不論土地還是洋車在祥子眼中都與自己的生命是一體的。農民考慮的不僅是當下的生存還要考慮未來，擁有土地是一個保障，擁有洋車同樣如此。

甚至，在祥子的眼中，洋車比土地更好。因為土地是固定的，是死的，不能跟隨人走，甚至產出都是有限的；而洋車卻是活動的，隨時能變出錢來，還能跟著他四處漂泊。在祥子的世界中對洋車的渴望與對土地的佔有存在著本質的差異。對祥子來講，洋車是城市的象徵，就像土地是鄉村的象徵一樣，對擁有洋車的渴望是祥子拼命想獲得城市認可，並保證自己能夠長期生存於城市的心理體現。當祥子牽著三匹駱駝逃出兵營後，在落足未穩的情況下，他還是把駱駝與洋車聯繫在了一起，一想到這裡那種洋車被掠走的陰霾便一掃而光了，「想到駱駝與洋車的關係，他的精神壯了起來，身上好似一向沒有什麼不舒服的地方。假若他想拿這三匹駱駝能買到一百畝地，或是可以換幾顆珍珠，他也不會這樣高興」。此時的祥子已經基本拋棄了對土地的欲望，轉而將全部精力放在城市生活上，只想著自己怎樣能夠長久地在城市生存下去。

在 20 世紀的中國社會現代化進程中，人們對現代生活的嚮往心理是非常強烈的。祥子的心理其實正是這種社會心理的縮影。「城市在文化和社會生活方面具有吸引作用。城市的集中性、開放性和先進的生產方式，使其文化和社會生活能夠較快地走向現代文明。城市文明的發展必然吸引著鄉村迅速向

現代文明邁進。」〔註12〕對於那些爲了生存而掙扎在黃土地上的占我國絕大多數的農業人口來說，「生存的困境使他們仇恨故鄉」，「他們唯一的奢望就是夢想逃離家園，逃離故鄉」〔註13〕。在眞正經歷過貧困折磨的很多農村人面前，城市充滿著誘惑與吸引，他們進入城市渴望的滋生幾乎是無法抑止的，他們內心深處有著強烈的逃離鄉土的意願，這種「背叛」是他們進入城市、成爲現代文明中的一員的必然的心理反映。經濟的巨大落差以及對生存的渴望，讓祥子拋棄和逃離鄉村，義無反顧地走進城市。在祥子的意識深處，破敗不堪的鄉村與五光十色的城市存在著天壤之別：「這裡有的看，有的聽，到處是光色，到處是聲音；自己只要賣力氣，這裡還有數不清的錢，吃不盡穿不完的萬樣好東西。」「他捨不得北平，天橋得算有一半兒原因。每逢望到天橋的席棚，與那一圈圈兒的人，他便想起許多可笑可愛的事。現在他懶得往前擠，天橋的笑聲裡已經沒了他的份兒。他躲開人群，向清靜的地方走，又覺得捨不得！不，他不能離開這個熱鬧可愛的地方，不能離開天橋，不能離開北平。走？無路可走！」祥子對城市的情感已經讓他戰勝了一切，在與鄉村的對比中，城市大大佔據了上風。

【作者簡介】

任冬梅，北京師範大學文學院 2010 級博士生。

參考文獻：

1. 黃主一，川北農民現狀之一般〔J〕，東方雜誌，1927（8）。
2. 戴樂仁（J.B.Tayler）等著，李錫周編譯，中國農村經濟實況〔M〕，北平：農民運動研究會，1928。
3. 侯厚培，中國近代經濟發展史〔M〕，上海：大東書局，1929。
4. 趙承信，廣東慈溪土地分配調查〔J〕，社會學界，1931（6）。
5. 章有義，中國近代農業史資料〔M〕，北京：三聯書店，1957。
6. 陳永志，《駱駝祥子》反映的年代新證〔J〕，文學評論，1980（5）。
7. 秦孝儀，中華民國經濟發展史〔M〕，臺北：近代中國出版社，1983。
8. 陸仰淵、方慶秋. 民國社會經濟史〔M〕，北京：中國經濟出版社，1991。
9. 丁帆，中國鄉土小說史論〔M〕，南京：江蘇文藝出版社，1992。

〔註12〕 徐勇：《非均衡的中國政治──城市與鄉村比較》，中國廣播電視出版社，1992年，第335頁。
〔註13〕 丁帆：《中國鄉土小說史論》，江蘇文藝出版社，1992年，第30頁。

10. 徐勇.非均衡的中國政治——城市與鄉村比較〔M〕，北京：中國廣播電視出版社，1992。
11. 虞寶棠，國民政府與民國經濟〔M〕，上海：華東師範大學出版社，1998。
12. 陳紅民，中華民國史新論〔M〕，北京：生活、讀書、新知三聯書店，2003。
13. 舒濟、舒乙. 老舍小說全集〔M〕，武漢：長江文藝出版社，2004。
14. 蘇奎，土地・車・城市——再讀《駱駝祥子》〔J〕，名作欣賞，2008（3）。
15. 〔日〕城山智子著，孟凡禮等譯. 大蕭條時期的中國〔M〕，南京：江蘇人民出版社 2010。

伍、邵洵美的經濟生活與文學選擇

盧　軍

摘　要

因魯迅數篇言辭犀利的雜文，出身世家的邵洵美成爲「富家女婿公案」的主角，被世人視爲文學紈絝子。基於此，從經濟視角切入，探討經濟生活、經濟觀念對邵洵美的文學創作和出版業的多重複雜影響別有意味。邵洵美從不諱言錢，在一些隨筆短章裡記錄了他對金錢遺產等的眞實看法；厭惡其父母嗜賭惡習的邵洵美下過一番功夫去研究賭博，據此開創了別具一格的「賭博小說」系列；少年時代就對出版編輯有特殊愛好的邵洵美一生投入時間精力金錢最多的就是出版業，他不以盈利爲目的興辦出版業，傾盡家財也在所不惜；建國後爲解決生計問題，邵洵美轉以翻譯爲業，譯著頗豐。撥開文學史的層層迷霧，逐漸浮出歷史地表的邵洵美是一個以理想爲生活的眞文人。

關鍵字：邵洵美，經濟生活，賭博小說，出版業，文學翻譯

　　邵洵美是中國現代文學史上知名的唯美派詩人、出版家、翻譯家和文學活動家,關於他的研究一直未能形成規模。現代知名學者李歐梵對邵洵美的評價是:「在中國現代文學的歷史裡,邵洵美比大部分作家都不為人知,因為他最不符合有社會良知的『五四』作家之典型。作為詩人、散文家、翻譯家、出版家以及招搖的文學紈綺子,邵洵美酷肖他的朋友徐志摩;徐志摩是新月社的重要詩人,而且他的死後聲名也一樣蓋過了邵洵美。」〔註1〕長期以來邵洵美一直被文學界忽視,著作出版少,作品不為讀者所熟悉,這裡面有深刻的社會背景。

　　邵洵美的被忽視和誤讀,魯迅似乎負有不可推卸的責任。魯迅在《拿來主義》中寫道「我們之中的一個窮青年,因為祖上的陰功,得了一所大宅子,且不問他是騙來的,搶來的,或合法繼承的,或是做了女婿換來的⋯⋯」,這就是文學史上有名的「女婿公案」。其後,魯迅在《各種捐班》、《登龍術拾遺》等雜文中相繼影射邵洵美。《各種捐班》中寫道:「清朝的中葉,要做官可以捐,叫做『捐班』。現在則連做『文人學士』和『文學家』也可以『捐班。」「只要開一隻書店,拉幾個作家,雇一些幫閒,出一種小報,『今天天氣好』是也須會說的,就寫了出來,印了上去,交給報販,不消一年半載,包管成功。」《登龍術拾遺》中寫道:「要登文壇,須闊太太,遺產必需,官司莫怕。窮小子想爬上文壇去,有時雖然會僥倖,終究是很費力氣的;做些隨筆或茶話之類,或者也能夠撈幾文錢,但究竟隨人俯仰。最好是有富岳家,有闊太太,用陪嫁錢,作文學資本,笑罵隨他笑罵,惡作我自印之。」一時間,「有富岳家,有闊太太,用陪嫁錢,作文學資本」四個短句成為邵洵美的定論,整個吃軟飯的紈綺子弟形象。好友章克標就「女婿公案」為其辯解:「我寫過一本《文壇登龍術》,魯迅看了在《論語》半月刊上發表的其序文之後,就寫了一篇《登龍術拾遺》,發表於《申報・自由談》上,又收在《準風月談》一書中。他這篇大作,是諷刺邵洵美的。大意說邵洵美娶了盛宣懷的孫女,得到豐厚的妝奩嫁資,用妻財來開了書店,擠入文壇,自稱詩人。其實洵美開書店的資本,倒並非來自妻財。如果用妻財來辦書店,振興文化,倒也是應該讚揚的。」〔註2〕

〔註1〕　李歐梵,上海摩登——一種新都市文化在中國 1930～1945〔M〕,北京:人民文學出版社,2010,第 256 頁。
〔註2〕　章克標,邵洵美〔J〕,文學界,2009（12）,第 43 頁。

　　既然金錢、遺產等字眼和人們對邵洵美的評論難以分離，因此，本文從經濟視角切入，探討經濟生活、經濟觀念對邵洵美的文學創作和出版業的多重複雜影響。

一

　　瞭解邵洵美的經濟情況、經濟觀便於把握邵洵美的思想、性格和創作。邵洵美出身名門世家，曾祖父邵燦曾任清朝漕運總督；祖父邵友濂歷任道員署使俄欽差大臣、上海道、臺灣巡撫、湖南巡撫；邵洵美的生母是清郵傳部大臣盛宣懷第四女，他是盛宣懷的嫡親外孫；他的伯父邵頤身後無子女，過繼邵洵美為嗣，邵頤的原配夫人是李鴻章之女，所以邵洵美又是李鴻章的外孫了。邵洵美生父邵恒雖繼承了佸大家產，但嗜賭如命，又任意揮霍，坐吃山空。邵洵美的主要財產是繼承了大房伯父邵頤的遺產。

　　身為世家子弟的邵洵美從不諱言錢字。在《與青年談錢》中公然討論「最實在的問題」，「你們不必自命清高，除非你的先人已傳給了你很多的產業，錢究竟是你們最要緊去獲得的東西。不錯，你們盡可以驕矜地說，你們是安於貧窮的，但是飯總不能不吃，吃飯便要錢。……錢究竟是好東西，有了錢你可以買到幸福，買到安樂，買到自由。當然，有了錢你可以反而得不到幸福，得不到安樂，得不到自由；這個，只可以怪你自己。……要錢倒也並不是一件難事，不過你先得承認、明瞭，你的確需要它。你並不是暫時需要它，你是永遠需要它。你越是不要它，你便越是需要它。你要一百分的慷慨，你便需要一百分慷慨的金錢。你要施與，你先須獲得。所以我說，你從立刻起，第一步工作便是要錢！」在《第五條街》一文中，他進一步闡釋了相似的看法：「錢是的確非有不可，我們雖然時常用『愛錢如命』這種話去取笑一般吝嗇之人，但是老實講起來，你若是愛命便也非愛錢不可。哪一樣東西不要錢去買？哪一樣東西不能用錢去買？以清高的來講，譬如大學者，便也會被人用錢來聘去做教授；大文豪，也會被人用錢來調換他們的文章去發表。甚至公開詛咒的那類人，他們也少不了錢。所以我覺得有錢決不是一種罪惡，愛錢也不是一種恥辱。倒是那般心裏要錢口裏罵錢的人可以鄙棄。……總之，錢的本身是沒有罪惡的。」頗有意味的是，嘲諷挪揄邵洵美的魯迅在經濟觀上和邵洵美卻驚人一致。魯迅早在 1923 年就公然宣稱：「錢是要緊的。錢這個字很難聽，或者要被高尚的君子所非笑，但我總覺得人們的議論是不但昨

天和今天，即使飯前或飯後，也往往有些差別。凡承認飯需要錢買，而以說錢爲卑鄙者，儘能按一按他的胃，那裡面總還有些魚肉沒有消化完，須得餓他一天之後，再來聽他發議論。……錢，——高雅的說罷，就是經濟，是最要緊的了。自由固不是錢所能買到的，但能夠爲錢所賣掉的。」〔註3〕

邵洵美素有「海上孟嘗君」美譽，爲人仗義，樂善好施，散財無數。他的一句名言是：「鈔票用得光，交情用不光」。夏衍當年從日本留學回國後，生活無著，託人把自己的譯稿日本廚川白村的《北美印象記》送到邵洵美處，希望能幫助出書接濟度日，邵洵美很快安排出版，並立即預付稿酬 500 大洋，解決了夏衍的燃眉之急。上海最早的文藝沙龍就是上個世紀三十年代位於四川路蚌江路口的廣東「新雅」茶室，當時的文人墨客經常雲集這裡，只要邵洵美在座，所有文藝人的吃喝消遣費用，統統由邵洵美結帳。1931 年胡也頻被捕被秘密槍決後，沈從文護送丁玲母子回湖南老家，邵洵美慷慨解囊 1000 元作爲路費。邵洵美位於淮海中路的家，成爲當時文藝界的根據地。邵洵美家的晚飯總是開兩桌，一桌自家人吃，另一桌就是雜誌社的同事、文學界的朋友，施蟄存、徐訏、林徽音、孫大雨、徐遲、錢鍾書、許國璋、章克標等都是這裡的常客，客廳裏的燈天天陪伴著高談闊論亮到凌晨。他還借款 500 元給胡適購買古籍珍本脂本《紅樓夢》，出資購買中國京劇臉譜並代表中國文藝界人士贈送給來訪的英國作家蕭伯納。總之，邵洵美的仗義疏財是廣爲人知的。

因此，時人對邵洵美評價多是「紈絝子弟，揮霍成性」。但從邵洵美本人的文字和夫人盛佩玉所著《盛氏家族・邵洵美與我》、女兒邵綃紅所著《我的爸爸邵洵美》等在史實考證和文獻引證方面皆據權威性的著述中，我們可以用實證的方法考據分析邵洵美的經濟生活背景。邵洵美的眞實生活遠非外人想像中的那麼悠哉。在《一年在上海》中他寫道：「當鋪和押店對於我們本不是處女地：我們比較好一些的首飾早就送進了『高牆頭』。當然，我生活的這一面，從沒有人把來當過眞；事實上，不是親自經驗過的也決計不會瞭解。說句驚人的話：『我開始執管產業的日子，便也是我開始負債的日子。』這話當然不容易懂；在人家的心目中，我至少享受過幾年的奢侈；即連我的父親和弟弟們也不會沒有這種念頭。……我父親本不喜歡操心，偌大的家庭便託給我這小人身上：結果是每到月底總要虧空，虧空了便再借款，再借了款便

〔註3〕 魯迅，娜拉走後怎樣〔A〕，魯迅全集第 1 卷〔M〕，北京：人民文學出版社，1981，第 161 頁。

又要加付利息；付利息錢不夠便再借款。我當時還有一個念頭，我覺得這份家產是祖宗的遺業，雖然法律上爲我所有，可是良心上似乎不應獨得；所以大家做了賬我便去付賬，大家欠了債我便去還債，大家要用錢我便去借錢；雖然逢節逢年錢莊上催逼利息的時候，我會在短時間裡發覺自己的失算，可是難關過去，一切依舊。還有許多人以爲我眞是有錢，總叫我去爲他們解決困難；我便爲他們付起了利上加利得義務。幾年前我的幻想完全毀滅了，我便有了營業的企圖：接著又是一個幻想，又是一次毀滅。這兩三年裡便只做了些收拾殘局的工作。有幾個寫文章的朋友安慰我說這些經驗盡可以做一部回憶錄，起初我倒的確有些癡心，但是自己書讀得多了，才知道這種『黃金變泥土』的故事，古今中外不曉得讓人記過幾千百次了。」這是他經濟狀況的眞實寫照。雖然邵洵美享有長子長孫之名，邵氏家產有他一半，但他內心深處並不以爲然。他反對遺產製，在小說《緣分》中借主人公之口道出：「我是極反對遺產製的。不論是大錢小錢，若非你自己賺來的，你便決不能據爲己有。因你老子的死而你可以發筆財，這眞是狗都不如的東西。」

　　邵洵美的「賭博小說」系列別開生面。這和他的家庭環境密不可分。盛家、邵家子弟的豪賭，在當年的上海逕邐皆知。傳聞邵洵美經常「一擲呼蘆，輸贏百萬」，認爲輸的錢越多，寫出的詩句越好，自稱爲「賭國詩人」。眞實情況如何？邵洵美到底對賭博持何種態度？2008 年，邵洵美女兒邵綃紅接受了《第一財經日報》獨家專訪。當被問及父親流傳較廣的「賭國詩人」的名號從何而來？邵綃紅的回答是：平常親戚朋友在一起吃飯，吃完「搓搓麻將」也是經常的事，但他從來不來啊，他如果有這個愛好，他能不來嗎？他自稱自己「賭國詩人」，是說他越是輸得慘，詩寫得越好。我猜想可能爸爸是個風趣的人，偶爾有過那麼一次，他就玩笑了一下。後來的人看他寫「賭博小說」寫得那麼好，是因爲他的爸爸、媽媽都賭，他從小生活在那種環境裡。〔註4〕邵家和盛家兩家人都愛賭，他們之間賭都是用家產賭，地契賭過來賭過去，邵洵美的母親是直接從裝煙的罐子裏倒出金剛鑽賭；父親邵恒曾向兒子吹噓，他如何一夜豪賭，輸掉虹口七爿當鋪，照樣眼都不眨的氣派。邵氏偌大的一份家產，就像蠶蝕桑葉般被蝕空，到最後只剩「邵家花園」一處。由此推斷，邵洵美是憎惡賭博惡習的。

〔註4〕 蘇婭，邵洵美並非一個不問時事的人〔N〕，第一財經日報，2008 年 2 月 23 日。

陳子善指出：「邵洵美描繪的賭場風景，展示的賭術技巧，刻畫的賭徒心理，何等的細緻入微，又是何等的栩栩如生！邵洵美能寫出這麼多生動的賭博小說決非偶然，……我認為正是因為家庭的影響，邵洵美很下過一番功夫去研究賭博，研究賭徒心理。」〔註5〕在小說集《貴族區》裡收錄的邵洵美的十四篇小說中寫賭博的有四篇：《賭》、《賭錢人離了賭場》、《三十六門》和《輸》。《賭錢人離開了賭場》中一語中的點出寫好賭博小說的前提：「這是一篇賭錢人寫的賭文章，你先得瞭解賭錢人的頭腦、脾氣、長處、缺點，換句話說，你先得有賭錢人的靈魂。」以屏是貫串幾部小說的主人公，《賭》藉以屏之口說：「賭，真是藝術。朋友，你是不是研究藝術的？你愛藝術不愛？賭是最偉大的藝術，尤其是牌九。可怪發明牌九的人的姓名不傳。他才是最偉大的藝術家。……賭真是藝術，是藝術的條件沒有合不上。他還是民眾的藝術，他才是民眾的藝術。一場賭是一部天方夜譚，三十二張牌哪一張不是圖畫！講到拾骰子洗牌的聲音，那麼音樂來了。惟有賭才完備著藝術上的一切的條件。賭！賭！」邵洵美對賭徒心態的刻畫入木三分：「賭，就靠一個膽子，打仗亦就靠一個膽子。一樣是賭，一個拿錢賭，一個拿命賭；拿錢賭亦就是為了命，拿命賭亦就是為了錢。你要賭錢，就得放大膽子，像打仗一樣殺人不閉眼。要提起精神，精神像火油，不點不焚，點上，哄的一聲就興了。你得把眼珠子嵌在牌背上，你得把心箭子射進牌底裡。看到了個一點亦別著慌。地一還有人一，人一還有和一，和一還有長一，長一還有短一，短一還有野一，野一還有別十。拿到了個別十，更不用怕，下一副點子保你大，九不來八定來。那才有眼子。眼子上輸錢亦情願。就好比在美人兒肚上死了亦甘心，任是死了進地獄，任是進了地獄受罪。天知道我靈魂早就超升了。肉體本來得下地。賭錢的人誰沒有輸過錢。盡贏有什麼意思。贏了不想再贏更沒有意思。誰願意在動得厲害的肉裡邊跳出來！」《三十六門》談到「賭品」，描畫的主人公「他大概是個闊人家的女婿，同時亦就是因娶了那闊人家的女兒讓他自己變了個窮人」，不失幽默地調侃了一下魯迅《拿來主義》一文中對自己的惡評，藉以諷刺魯迅。

除了上述幾篇，帶有自傳色彩的小說《貴族區》也用大量筆墨寫賭博，把賭作為一種上流社會消遣和生活中心來描述的。「客人都預備散了。二小姐大贏，余七老爺也翻了本，輸得最多的是老三和他的姨太太。輸得最多的是老三，樣子最得意的也是老三。贏要贏得漂亮，輸也要輸得漂亮，這便是王

〔註5〕陳子善，序言〔A〕，貴族區〔M〕，上海：上海書店出版社，2008，第3頁。

氏弟兄們所互相勉勵的賭品。」小說中的傳奇人物鄒杜若，父親做過很大的官，家裏很有錢。他喜歡賭，賭錢的本領大到幾乎可以穩贏，所以有許多人稱他先生。賭博作爲上流社會日常生活不可缺少的一部分，在張愛玲等諸多現代作家筆下都有所描繪，但專以賭博爲題材，揭示賭場風情、挖掘賭徒複雜內心世界的小說恐怕只有邵洵美的創作了，爲我們提供了研究中國現代都市賭博狀況的文學文本。

二

　　邵洵美是民國時期上海最負盛名的出版家。李歐梵曾高度評價邵洵美對現代中國文化的貢獻：他爲出版事業傾盡財力，出版了高水準的文學刊物《金屋月刊》、《論語》等，而且他十分重視書刊的裝幀設計，具有很高的藝術設計水平，他還具有敏感的當代意識，出版了《時代》等幾份流行雜誌，團結了一些有天分的藝術家，「他似乎有無窮的精力、時間、文學天賦和金錢」〔註6〕。邵洵美全力傾心出版業，既有經濟實力的因素，也有個人興趣的因素。

　　邵洵美從不否認自己對出版發行業的酷愛：「說也奇怪，我很早對於發行與編輯就有了興趣。還是第一次世界大戰中間，大概是最後一年，我國宣佈參戰以後，那時我約十二歲，我和弟妹們，每天家塾散學以後，仿了日報的格式，把當天聽到的新聞或謠言，用一張三十二開紙，繕寫四份：一份給祖母；一份給母親；還有二份給住在我家的二位姑母，取名叫做『家報』。……我一生的命運好像在那時候已注定了。同時出版和編輯《論語》，在那時候也已經有了預兆。多少年來，可以說，我只是經營著出版事業。自己的刊物有時停辦了，便爲別人的刊物編輯寫作，我對於國外著名的出版家和編輯的傳記，極爲注意，也最感興趣。我還有一個癡念頭，覺得只要模倣了他們成功的經過做去，一定會有相當的成績。所以當我讀了英國新聞大王北岩爵士成功的記載，是從發行一種八開本周刊《回答》開始，我便也曾經在某一年出版過一種八開本的刊物：《十日談》。我是失敗的。不過我對於他們出版的經驗，總是十分的信仰。」〔註7〕後來在一個題爲《文化的班底》演講中，他更

〔註6〕 李歐梵，上海摩登——一種新都市文化在中國 1930～1945〔M〕，北京：人民文學出版社，2010，第 261 頁。

〔註7〕 邵洵美，再函達祖〔A〕，不能說謊的職業〔M〕，上海：上海書店出版社，2008，第 260 頁。

明確了要學英國新聞大王北岩爵士成功的經驗，辦展覽、搞出版，推動文化進步。

1927 年 1 月，上海光華書局出版了邵洵美的第一本詩集《天堂與五月》，這本詩集出版得並不順利，原因是追求經濟利益的出版商不願意出版銷路不好的詩集，後來費了很大周折才讓書局出版了該書。為了讓自己今後的詩集的出版不必求助他人，邵洵美決心開辦自己的書店。1928 年 3 月，邵洵美受曾孟樸辦眞善美書店啟發，辦金屋書店，出版的主要是文藝類書籍，唯美派的作品居多。金屋書店出版邵洵美譯詩集《一朵朵玫瑰》、文藝評論集《火與肉》。5 月 5 日，金屋書店出版邵洵美的第二本詩集《花一般的罪惡》。當年出版後褒貶不一毀譽參半。對評論家的臧否，邵洵美是不介意的，因為他寫詩是純粹的自我情感抒發。

邵洵美與徐志摩相交甚篤，1928 年，徐志摩的小舅子張禹九因為資金問題，與邵洵美商議自己新月書店的事宜，邵洵美二話不說，與徐志摩合夥經營新月書店。其後，他先後成立了「上海時代圖書公司」、「第一出版社」等出版社。上海時代圖書公司，是 30 年代中國出版界規模最大的出版機構之一。先後出版報刊 12 種，其中有《時代畫報》、《時代漫畫》、《時代電影》、《文學時代》、《萬象》月刊、《論語》半月刊、《十日談》旬刊、《人言》周刊、《聲色畫報》等雜誌，涉及文學、詩歌、漫畫、電影、時事、評論等各個領域。期間和徐志摩等人合作出版《新月》月刊、《詩刊》等雜誌。事業鼎盛時期，邵洵美名下同時出版的刊物有 7 種，每隔 5 天便至少會有兩種期刊面世，這在中國出版界，無人能出其右。

邵洵美也是當時上海漫畫事業的重要人物，他對漫畫有獨到認識，「我總覺得圖畫能走到文字所走不到的地方；或是文字所沒有走到的地方」。在漫畫創作方面邵洵美也頗具天賦，1928 年在新婚之際，他曾自製了與盛佩玉兩人的漫畫，諧趣和溫情並具。中國漫畫、生活速寫的奠基人葉淺予創辦《時代》漫畫陷入資金困難，邵洵美慷慨出資接手經營，為中國漫畫的發展做出了不可低估的作用。著名漫畫家黃苗子認為：「時代圖書公司養活了一批漫畫界的人，並且把中國漫畫家介紹到國外，還把國外好的漫畫家介紹給張光宇他們。從這方面，把中國漫畫提高了很大的空間。……沒有邵洵美辦時代圖書公司，就沒有中國漫畫，特別是三十年代蓬勃發展的中國漫畫。」〔註8〕

〔註8〕黃苗子、郁風，熱鬧裏有人生，鏡子裏也有人生〔N〕，南方都市報，2005 年

　　此時的邵洵美的經濟狀況如何呢？據妻子盛佩玉回顧：1932 年，洵美的嗣母去世，喪事講究排場，大出殯花錢很多，用去了很多錢。經濟日益緊張。加上兩個弟弟結婚，先前在錢莊抵押的房產是高利貸，利上加利，付息都很困難。1934 年，邵洵美父子只有忍痛將祖上留下的房產全部作價售給錢莊還清本息，餘下幾萬元，父子倆分了。洵美心中很急，留下這些錢應該怎樣才能做出事業了。可是在他的腦子裡就是想出版事業。於是辦了中國人自己經營的第一家採用影寫版技術的印刷廠。〔註9〕邵洵美把分得的款項花五萬美元向上海德商泰來洋行訂購了德國郁海納堡廠製造的全套影寫版印刷機，這是當時世界上最先進的印刷機，也是中國第一臺影寫版機器。這套印刷設備包括兩層樓高的印刷機，配備照相設備、磨銅機、鍍銅機等一系列完整配件。起初高薪聘來的技師並不熟悉它的使用，調試使用屢屢失敗。邵洵美乾脆自己研讀那本厚厚的英文說明書，和時代印刷廠的經理反覆捉摸，最終摸出門道，印出滿意的產品。邵洵美的出版物被人稱為是「上海最精緻、最講究的，也是最昂貴的」。大名鼎鼎的《良友》畫報也曾一度在時代印刷廠印製。邵洵美對自己出版的刊物、著作，不論是內容還是裝幀，他總是追求完美，貼錢虧本也在所不惜。誠如謝其章評價說：「其實，邵洵美對 30 年代文化的貢獻是全方面的，然而又是 30 年代文化人中被低估得最為嚴重的一位。」〔註10〕

　　1935 年冬，有上海灘第一大銀樓之稱的楊慶和銀樓因發生擠兌風波倒閉，這是邵洵美的產業，這一事件對他的生活和事業發生了一些不利的影響。從 1928 年到 1937 年近十年間，邵洵美窮一己之力大辦出版事業，「他可是才子儒商，可說虧損累累，營運艱辛，經濟上時有捉襟見肘之慮。不過洵美不以為苦，反感到『海闊憑魚躍，天高任鳥飛』。然而，正當他躊躇滿志，文章揮灑自如，出版如日中天，發揮其才智與能耐的鼎盛時期，日本帝國主義全面侵華的炮火幾乎把他整個摧毀。且不談時代的雜誌全部被迫停刊，他幾乎是空著手攜家眷倉促逃離楊樹浦的家。鎮江的當鋪夷為灰燼，餘姚的田地又哪裡還有收入，洵美幾乎成為一個無產者了」〔註11〕。在敵偽時期，邵洵美窮得靠出賣雞血圖章和田黃過日子，他的弟弟邵式軍高踞日偽政府財政要

　　11 月 9 日。

〔註 9〕盛佩玉，我和邵洵美〔J〕，湖州師範學院學報，1985（2），第 15 頁。

〔註10〕謝其章，邵洵美：一個人的期刊畫報史〔J〕，博覽群書，2008（11），第 56 頁。

〔註11〕邵綃紅，我的爸爸邵洵美〔M〕，上海：上海書店出版社，2005，第 168 頁。

職，給哥哥送來五千塊大洋，卻被邵洵美嚴詞拒絕了，還宣佈和弟弟斷絕往來，令人蕭然起敬。

1937 年「八‧一三事變」爆發後，邵洵美攜家逃難，爲了照看搶救出來的印刷機器，搬到霞飛路 1802 號。1938 年 7 月，《大英夜報》中文版創刊，邵洵美是股東之一，該報時常刊登反對日僞的文章。邵洵美一度爲《大英夜報》寫社論，每周三篇，工作很緊張。1938 年 9 月，創辦了宣傳抗日的刊物《自由譚》月刊，邵洵美在刊物上發表了許多文章。10 月，毛澤東著名的《論持久戰》（英文版）由《自由譚》發表，同時邵洵美還秘密印刷了該文的單行本，一部分由楊剛通過中共地下渠道發行，一部分由邵洵美和他的助手秘密投遞到在滬的外籍人士信箱裏。

邵洵美一生推崇「爲藝術而藝術」，他不懂生意經，「洵美天性不善錙銖，經營又不夠精明，五六年中竟虧蝕了一二百萬元，簡直可以說是個『毀家興書』的詩人」〔註12〕。夫人盛佩玉在身後遺留下的回憶錄中記載道：「洵美出版無資本，要在銀行透支，透支要付息的。我的一些錢也支了出去。抗戰八年，洵美毫無收入，我的首飾陸續出籠，投入當店，不懂利弊，總希望有朝一日贖回原物。洵美沒有生財之道，腦子每天動在書上。」〔註13〕前後幾十年，邵洵美繼承的萬貫家財基本上是爲了建立一個理想的出版事業而耗盡的。

1949 年 5 月，上海解放。不久，時任上海文化局局長的夏衍拜訪了邵洵美，與之商議人民政府收購影寫版印刷機一事。雖萬分不捨，但邵洵美顧全大局，把那臺德制影寫版印刷機賣給政府，由北京新華印刷廠收買，連同工人全部遷到北京。印刷機器後來用於印製《人民畫報》。據說在新中國建立後的二十多年中，這套設備都不落後。

邵洵美獲得一筆賣機器的款項，又想投資出版事業。他與人合股開設時代書局，1950 年，邵洵美正準備籌劃在北京開時代書局分店，然而，上海時代書局的出版物遭到《人民日報》長達一周的批判，隨即，時代書局收到大批新華書店的退貨。書局無法維持。1951 年，政府提出改組上海的時代書局，公私合營。由於有的股東不同意，書局關門。邵洵美從此告別心愛的出版業。但邵洵美對中國現代出版業的貢獻是不容抹煞的，正如張偉所說，邵洵美是

〔註12〕〔馬來西亞〕溫梓川，毀家興書的邵洵美〔J〕，文學界，2009（12），第 52頁。
〔註13〕邵綃紅，我的爸爸邵洵美〔M〕，上海：上海書店出版社，2005，第 375 頁。

一個「雖敗猶榮的出版家」〔註14〕。

三

1950 年，邵洵美全家搬到了北京。由於沒有合適的工作，加上不適應北京的氣候，1951 年夏，邵洵美又舉家遷回上海。這期間，爲了生財，他參股過舊貨店，開過化工廠「立德化工社」，但都蝕了本。此時邵家經濟緊張，「日子一天天的過下去，機器折價的一筆錢，也一天天消耗。家中人多事多，開源節流只是想像，幾年下來，好比小狗啃骨頭慢慢地也就啃光了」〔註 15〕。爲生計所迫，邵洵美選擇了文學翻譯。1954 年，他經朋友秦鶴皋介紹，爲上海出版公司翻譯了美國作家馬克·吐溫德《湯姆莎耶偵探案》，因當時偵探小說在國內盛行，此書銷路甚佳。與此同時，邵洵美還翻譯了英國蓋斯凱爾夫人著的《瑪麗白登：曼徹斯特的故事》，以維持生計。夏衍瞭解到邵洵美靠譯書維持生活的窘境後，關照北京有關出版部門，邀請邵洵美翻譯外國文學作品，擔任人民文學出版社社外翻譯，稿酬每月 200 元預付。1956 年，他爲人民文學出版社翻譯了印度作家泰戈爾的小說《家庭與世界》、《兩姊妹》、劇本《四章書》，這三部書稿因中印關係惡化，當時沒有出版。1956 年 5 月，邵洵美開始爲人民文學出版社翻譯英國詩人雪萊的詩劇《解放了的普羅米修斯》，該譯作於 1959 年 8 月由人民文學出版社出版。

1958～1962 年間，邵洵美以「帝特嫌疑」的罪名而遭受牢獄之災，身心受到嚴重的戕害。1962 年 4 月 6 日，邵洵美被釋放。他在獄中得了氣喘病，出獄後發展成肺原性心臟病，身體極度虛弱。爲了生計問題，他和妻子盛佩玉只得分居滬寧兩地，分別住在兩個孩子的家裏。身體稍有好轉，他就考慮如何維持一家人的生活問題？他想得最多的還是從事翻譯工作。「事有湊巧，隔不多時，有關方面派人傳話來了。來人是他的朋友，作家協會上海分會書記處書記、上海文聯副秘書長周熙良。這年周熙良上北京去開會，與中央文化工作領導人之一的周揚見面時，周揚問起了邵洵美的事，問邵洵美的問題解決了沒有，如果政治上無問題，應通知出版社仍舊請他譯書和校稿。周熙良回到上海，當時專管文教工作的上海市委書記石西民，又委託其負責安排邵洵美譯書事。周熙良受命後即將周揚、石西民的話轉達給人民文學出版社

〔註14〕 張偉，滿紙煙嵐〔M〕，上海：上海教育出版社，2007，第 182 頁。
〔註15〕 盛佩玉，我和邵洵美〔J〕，湖州師範學院學報，1985（2），第 17 頁。

上海分社，並還特地親自登門將周、石的話當面轉告邵洵美本人。邵洵美得訊，喜出望外。果然，不久，人民文學出版社上海分社編譯所派人上門聯繫來了，社方決定每月發給邵洵美『預支稿費』一百二十元。」〔註16〕這個編譯所的聯繫人就是後來成為邵洵美女婿的方平，據他日後回憶，邵洵美從監獄出來以後，「可能石西民也關照他。他一出來，我們新文藝出版社就要我代表出版社去看他，請他翻譯書，答應他每個月都送去 200 塊，作為預支的稿費」〔註17〕。方平所說的新文藝出版社就是人民文學出版社上海分社。「文革之前，為了規劃統一出版世界文學名著等原因，1964 年經中央批准，人民文學出版社與上海文藝出版社合併，上海文藝出版社改為人民文學出版社上海分社（以下簡稱人文分社）。與此同時成立了「上海編譯所」，吸收 20 多位沒有國家編制的翻譯工作者。」〔註18〕從 1963 年到 1965 年，邵洵美翻譯了雪萊的長詩《麥布女王》，拜倫的長詩《青銅時代》。 兩稿譯完後又翻譯了英國女作家埃米莉·勃朗特的長篇小說《呼嘯山莊》，該書僅譯了試樣。他還懷著一個宿願：將元雜劇王實甫的《西廂記》翻譯成英文。可惜，因為隨後「文化大革命」的到來，終成未竟之願。

　　1966 年「文革」開始後，邵洵美屢遭抄家。1966 年 11 月起出版社的預支稿費停發。困頓貧病交加。老友施蟄存聞訊與以資助，他拿出自己工資的一部分，每月送邵洵美五十元。不料，只送了四五個月，這位華東師大老教授也被扣發工資，自己每月才能領到四十元生活費，再也無力繼續接濟邵洵美了。此時的邵洵美心臟病、肺氣腫多病纏身，他的女兒邵綃紅回憶道：「我最後見到的爸爸，是一個饑餓、衰弱、斑白頭髮、面龐紫烏、上氣不接下氣、瘦得只剩一把骨頭的老人。」〔註19〕曾經意氣風發的「唯美」形象已蕩然無存。

　　1968 年 5 月 5 日晚上，時年 62 歲的邵洵美在貧病交加中寂然辭世，留給家人的唯有欠款，「醫院裡欠了四百多元醫療費，房管處欠了一年半房租六百元錢，還欠了私人及鄉下公社五、六百元」〔註20〕。口銜銀勺出生的貴公子

〔註16〕林淇，海上才子邵洵美傳〔M〕，上海：上海人民出版社，2002，第 263 頁。
〔註17〕方平，回憶岳父邵洵美〔J〕，文學界，2010（9），第 59 頁。
〔註18〕張軍，人民文學出版社上海分社文革紀事〔J〕，炎黃春秋，2011（8），第 73 頁。
〔註19〕邵綃紅，我的爸爸邵洵美〔M〕，上海：上海書店出版社，2005，第 348 頁。
〔註20〕盛佩玉，盛氏家族，邵洵美與我〔M〕，北京：人民文學出版社，2004，第 320 頁。

如此離開這個世界，聞之令人唏噓不已。

邵洵美到底是個什麼樣的文人呢？當年辦刊物時的搭檔章克標的評價是：「我覺得洵美一個人有三個人格，一是詩人，二是大少爺，三是出版家。他一身在這三個人格當中穿梭往來，盤回反覆，非常忙碌，又有矛盾，又有調和，因之，他這個人實在是很難以捉牢的，也就是很難以抒寫的。」〔註21〕在女兒邵綃紅眼中，父親很天真，骨子裡是個詩人，看問題是理想主義的眼光，一門心思就是在文學方面。他一生堅持「三愛三不愛」，即「不愛金錢愛人格；不愛虛榮愛學問；不愛權力愛天真」〔註22〕。邵綃紅坦言寫《我的爸爸邵洵美》的目的，就是要弄清楚爸爸到底一個什麼樣的人。「不，他不是紈絝子弟，不是財迷心竅的人。他雖落地富貴，但他是世間最溫和心軟、克盡孝悌的人，家產聽憑生父和兄弟處置；他一擲千金辦出版，資助友人復活他們的書店和刊物；受過他饋贈與幫助者何止數人；他頂著賠本風險為師友出詩集；攜鉅款赴美購攝影器材卻兩袖清風……他是個重情不重財的人。」〔註23〕

邵洵美本人的自我剖析則是：「你以為我是什麼人？是個浪子，是個財迷，是個書生，是個想做官的，或是不怕死的英雄？你錯了，你全錯了；我是個天生的詩人。」〔註24〕作為詩人的邵洵美決不是一個不問時事、毫無社會責任感的人。撥開文學史的層層迷霧，逐漸浮出歷史地表的邵洵美是一個以理想為生活的真文人。

【作者簡介】

盧軍（1970～），女，山東萊蕪人，四川大學文學與新聞學院博士後，聊城大學文學院副教授，碩士生導師，主要從事中國現當代文學研究。

〔註21〕林淇，海上才子邵洵美傳〔M〕，上海：上海人民出版社，2002，第1頁。
〔註22〕胡丹娃，邵洵美，一個有趣的好人〔J〕，作品，2009（2），第65頁。
〔註23〕邵綃紅，我的爸爸邵洵美〔M〕，上海：上海書店出版社，2005，第349頁。
〔註24〕邵洵美，你以為我是什麼人〔A〕，花一般的罪惡〔M〕，上海：上海書店出版社，2008，第151頁。

陸、利益與詩意的交織──論邵洵美 20世紀二三十年代文學生產活動

秦　芬

摘　要

　　上世紀二三十年代是邵洵美主要的文學生產活動時期，他以詩人、編輯、出版商、文學活動家等多重文化身份在上海文壇頗有名望，扮演了文學生產的多重甚至異質的角色，邵洵美在這一時期的文學生產活動中，既有作為商人所擁有的以利益為目標的經濟意識，經營頭腦，事實上這些也很好地被其靈活運用；而另一方面，作為「唯美」詩人理想天真的「底色」又始終交織在一系列的經濟活動中，使其文學生產活動呈現出一種特異的狀態。這種藝術性與商業性的交織使邵洵美在文學生產實踐中頗顯尷尬，卻也因此使文學注入更豐富的內涵，獲得真正的生命動力，從而產生廣泛而深遠的影響。

關鍵字：邵洵美，文學生產，藝術性，商業主義

　　邵洵美在現代文學史研究敍述中，多被描述爲「頹加蕩的唯美詩人」，關於邵洵美的研究，除了斷斷續續零星的來自其家人、友人的回憶性、史料性文章外，最初主要也是對其新詩的研究，大致有兩類研究角度。一種是對其詩歌文本的研究。他的詩被認爲是師承西方唯美主義的拙作，其間的唯美頹廢色彩使邵洵美身負惡名。直到 90 年代，李歐梵在「現代性」框架中爲「頹廢」正名〔註1〕，認爲在當時中國的文化背景下，邵洵美的「頹廢」是頗爲前衛和先鋒的姿態。另一種研究角度則是將其在一定思潮背景下來把握，如唯美主義、新月派、論語派等研究時作爲一個相關人物談論。比如張偉在《獅吼社述評》中將邵洵美放進獅吼社群體中加以評述，解志熙在《美的偏至——中國現代唯美——頹廢主義文學思潮研究》中將邵洵美作爲重官能的唯美——頹廢主義者的代表人物等。雖然研究者對於邵洵美的評價褒貶不一，但是共同的是都側重於邵洵美作爲詩人和他的新詩。這其實一直是基於對文學的傳統性理解認識基礎上的研究。

　　然而我們不能忽略的是，二十世紀的中國文學，相對於《詩經》以來的傳統文學來說，無疑是一個極其特殊的文學階段。馬克思在 1857 年《政治經濟學批判·導言》中提出了關於「藝術生產」的理論，文學作爲一種「藝術生產」的形式，是指「以現代圖書出版業的出現爲標誌，文學的創作者——作家由原來的純粹意義上的精神成果的創造者演變爲現代意義上的作家，即從事『直接同資本交換的勞動』的『生產勞動者』，而文學的成果——作品則成爲一種滿足廣大讀者多元精神需求的，在圖書市場上待價而沽的商品。」〔註2〕當印刷出版術改變了文學傳播這種介於人際傳播、群體傳播等幾種信息傳播方式之間的混雜不清的狀況，成爲標準意義上的大眾傳播的方式和媒介時，文學創作、傳播、接受三個環節連成了一個清晰、有序且互爲影響制約的「生產」過程。19世紀末 20 世紀初，中國的現代圖書出版業出現和趨於繁榮，文學便逐漸成爲「文學生產」，關於文學的意識也就必然加入了工業化生產的性質或者說經濟意識而成爲一種新型的文學觀念。正是在這樣的大背景下，「將作家當做職業的人來研究，將文學作品當做傳播方式來研究，將讀者當做文化商品的消費者來研究——這種在人們傳統的眼中頗有瀆聖之嫌的研究方法，不僅有了可能，而且成爲

〔註1〕　（美）李歐梵《漫談中國現代文學中的「頹廢」》，載《今天》，1993 年第 4
　　　　期。
〔註2〕　閻嘉《文學理論基礎》，四川大學出版社，2005 年 9 月，第 192 頁。

一種必需的工作。」〔註3〕

實際上就邵洵美文學活動的主要時期，即20世紀二三十年代而言，其時正是中國現代文學生產如火如荼的時期。剛留學歸國即1926年至1928年間，邵洵美的確癡迷於「唯美」詩歌創作，有《天堂和五月》《花一般的罪惡》等詩集，但其除了創作「唯美」詩歌外，還加入了上海的「獅吼社」，主編了文學期刊《獅吼》月刊、《獅吼》半月刊復活號，又創辦金屋書店、《金屋月刊》。1928年的上海，早已經是全國的經濟中心，由經濟發達帶來工商的繁榮使上海的金融與工商冠於全國。與之相適應的是，作為東南交通大樞紐的上海與全國正在發展的前所未有的交通條件對接良好，能夠將上海的出版物較為便捷地送到全國各地。〔註4〕加上隨著1928年開始的大規模的文人南下，上海可謂擁有了地利、人和而造就了天時，使其繼成為經濟中心後又成為了文化中心。1928年的上海，文學生產已經發生了明顯的變化，似乎帶有了更多商品生產的意味。〔註5〕雖然邵洵美最初印雜誌，開書店，或許因為其深厚的家底並不是為了什麼商業目的，但其所從事的與文學相關的活動已經涉及文學生產的不同環節，就其活動自身而言已是文學生產的範疇，且這種活動隨後在30年代日漸廣泛，漸成自覺。可以說，在其主要的文學活動期間，作為「唯美詩人」的時間實際不長，而更長的是辦刊物，開書店等文學生產活動。另一方面就其對於現代文學的影響及貢獻而言，相較於「詩人」的貢獻，其更大的作為在於其文學生產活動中在文學傳播等與經濟經營相關部分的努力對中國現代文化的貢獻。上世紀90年代李歐梵在《上海摩登》中首先從這個角度肯定了邵洵美文學生產活動的意義〔註6〕，至此為邵洵美研究拓寬了新的思路和空間。

上世紀二三十年代，邵洵美以詩人、評論人、編輯、出版商、文學活動家等多重文化身份在文藝界、文化界、出版界頗有名望，其幾乎全方位的文

〔註3〕 欒梅健《二十世紀中國文學發生論》，廣西師範大學出版社，2006年，第3頁。

〔註4〕 王建輝《上海何以成為近代中國出版的中心》，選自《出版與近代文明》，河南大學出版社，2006年版，第124頁。

〔註5〕 參見曠新年《一九二八年的文學生產》，載《讀書》，1997年第9期。文中說：「一九二八年雜誌和報紙與大眾的結合帶來了政治化和商業化這種文學生產的新的變化。文學似乎不可避免地與「五四」文學斷裂，轉變成為大規模的商品生產。」

〔註6〕 參見（美）李歐梵《上海摩登——一種新都市文化在中國1930～1945》，毛尖譯，北京大學出版社，2001年，第260～261頁。

學活動有聲有色，扮演了文學生產的多重角色。我們把身份看成是人的社會關係的一個聯結點，一頭聯結著具有一定價值取向的人或者群體，另一頭則相應地聯繫著一定類型的受眾。不同身份有著不同的價值取向、氣質特徵和思維規則。而另一面當多種身份統一在一個人身上的時候，必定不是簡單的身份選擇，這些不同身份始終要綜合在人這個主體身上作爲一個整體進行思維和活動。換句話說，一個人的不同身份既獨立又交叉影響，而這種既分裂又統一的特徵將直接成爲人主觀意識的重要內容，從而進一步外化成客觀的實踐效果。邵洵美無疑是具有如此特徵的一個個體。身份的多重甚至異質，使其意識交織著多重甚至異質的內容，在上個世紀二三十年代，邵洵美最重要的文學生產活動時期，就充分展現了這種特點。在邵洵美身上，既有作爲商人所擁有的以利益爲目標的經濟意識，經營頭腦，事實上這些也很好地被邵洵美靈活運用；而另一方面，作爲「唯美」詩人理想天眞的 「底色」又始終交織在一系列的經濟活動中，使其文學生產活動呈現出一種特異的狀態。而關注這種多重身份理想交織的特點，既能探討邵洵美作爲個體的特異性，某種意義上說也爲人們立體式把握文人在文學生產背景中生存狀態及文學狀態提供思維線索。

一、邵洵美的傳播經營之道

邵洵美出生在顯赫的貴族之家，祖父邵友濂官至一品，家大業大；尤其是外祖父盛宣懷，是中國近代史上著名的洋務中堅人物，是大有功於中國近代化的第一代實業家，總結其一生所辦洋務新政，創下第一個商本商辦企業——輪船航運招商局、第一家電訊企業——天津電報局、第一家銀行——中國通商銀行等十一個「第一」〔註7〕。盛宣懷與邵友濂既是姻親又是近鄰，來往密切，自小邵洵美便受到外祖父盛宣懷的寵愛。由此來說對於經營實業，邵洵美還是有一定的家族文化淵源的。加之其又是家族的長孫，偌大家業的接班人，還有著容易受所敬重景仰之人影響的性格特點。從血統及家族文化上來說，邵洵美也有著天然的從商經營底色。此外，邵洵美 1924 年赴英留學，在康橋大學讀預科後，考進了康橋大學的伊曼紐學院的經濟系，學的是經濟學。雖然之後因爲迷上了文學，也受了徐志摩影響半途而廢了，但是應該說

〔註7〕 參見邵綃紅《我的爸爸邵洵美》，上海書店出版社，2005 年，第 5 頁。

還是有一定的經濟學基礎，也略懂一些經營之道。

只是初登文壇的邵洵美，癡迷於「唯美」文學，又由於生活於「貴族區」的相對隔離，個性的天真自我，初登文壇涉世不深，他對文學則更多是因了自小古典文學的熏陶而形成的傳統意義上的精神活動的理解，因此，在文學實踐中他尤其注重文學的個人化，他精細地模倣唯美，私人化的寫作都體現了這點。而辦刊物，開書店等事實上涉關經濟經營的活動，也帶有富家公子「玩票」的意味，利用財力追求和推介自己一心喜愛的東西。至於作品或刊物的讀者反應，銷路，書店的經營等方面似乎對財大氣粗的邵洵美來說並不自覺。有研究者認爲金屋書店的不景氣是因爲：「邵洵美是一位熱衷於書刊藝術的實踐家。他辦金屋書店，把資金全部投入對藝術的追求，捨得花錢，所以賠錢多，關門也快。」〔註8〕邵洵美把出版書刊當作一種審美，一種實踐「唯美」的方式，旨在傳佈他所喜愛欣賞的美。如果說同人雜誌可以憑藉興趣和愛好維持，而作爲一個書店就不可避免地捲入商業化的鏈條，如果一個書店也只是興致所至地運作，那麼結局是可以想像的。

雖然金屋書店最終因不善經營賠本收盤，但實際上邵洵美的經營意識在此時已經不自覺地略見端倪，尤其是從金屋書店開張後，把《獅吼》半月刊改爲與書店同名的《金屋月刊》，從書店裝潢到雜誌裝幀保持格調的一致性，這實際上是一種樹立整體形象的意識。尤其是《金屋月刊》發刊詞上所說的辦金屋是爲了「與讀者有多談些話的機會」便已經可看出與此期邵洵美個人化「唯美」文學觀念不一樣的變化。早期是邵洵美純文藝創作的高峰期，之後再也沒有如此集中地進行過「唯美」創作，或許個中變化便是從這時的微妙變化開始的。

1930年10月金屋書店基本關停，應漫畫家張光宇的邀請，邵洵美加入中國美術刊行社，投資辦《時代》畫報。此時的邵洵美交遊日益廣泛，與上海文壇的接觸逐漸擴大，在上海濃鬱的商業文化浸染下，有著萬貫家財，打理著諸多產業，又小試牛刀當過老闆的邵洵美，隨著其名望的提高，活動能力的增強，自然也想幹一番事業。早期的唯美文學出版的失敗使其意識到文學不再只是個人的事情，文學的真正生命是依靠市場生存，而要獲得文學的真正生命，必須通過傳播手段，通過與商業主義更容易貼近的大眾文化建設這一途徑，必須有經濟意識，有經營頭腦。只有在一個文化氣候相對適宜的社會裡，文學藝術才

〔註8〕 姜德明《姜德明書話》，北京出版社，1998年，第253頁。

可能眞正生長。1935 年，邵洵美發表《文化的班底》《文化的護法》〔註9〕兩篇
文章共同闡述了他如此的觀點。《時代》畫報是邵洵美自覺關注文學生產經營的
開端，在隨後的整個三十年代，邵洵美的相關文學活動都體現出與商業文化緊
密相關的特點，其經營才能也在這些文學實踐中一一展現。

（一）《時代》畫報早期改革與時代印刷公司

1930 年 11 月，邵洵美的名字見諸 2 卷 1 期《時代》編輯者一欄，開始了
與《時代》的合作。較之中國美術刊行社初創人員均爲單一的繪畫藝術家，
邵洵美深諳文學與繪畫藝術，且有一定經營頭腦，他的加入，使《時代》走
出了經濟困境，並使《時代》煥發了新的生命。這具體表現在隨著邵洵美的
加入，《時代》進行了較大幅度的改革，至少有三個方面：印刷及圖版之改良，
編制及材料之革新，努力於文字之創建。〔註10〕

所謂印刷及圖版之改良，即採用先進的影寫版印刷，通過技術、設備的
更新方式改革。影寫版印刷是上海當時比較先進的印刷術，較之傳統的銅版
印刷，由於可以用普通紙張而不像銅版印刷一定要用厚白的銅版紙，因而更
節約成本，且印製的圖片質量及印刷效率都比較高。

編制及材料之革新是指加強漫畫內容，並加添時事新聞及照相，以副「時
代」之名。創設新欄目，新內容，加強內容與刊物主旨的聯繫。邵洵美加入
《時代》之前，由張光宇等幾個漫畫家共同編輯的雜誌，主要通過一些圖象
來展示美，提倡流行，時髦，可以說是一份純時尚型的刊物。但卻因爲主旨
的不明確而顯得淺薄。邵洵美的加入，通過強調內容與主旨的切合，更好地
體現立體的時代特徵。一份定位於與現實時代同步的刊物，用最眞實最接近
讀者生活的方式來傳達主旨，無疑是正確的。

對於「努力於文字之創建」，具體是這樣說的：

> 本社特請國內外名家，撰著關於政治、社會、文藝上之稿件，並特
> 派專人會見要人名人，詢談社會文化上之重大問題，以資建設時代
> 之大貢獻。〔註11〕

〔註9〕　《文化的班底》載《人言》周刊 2 卷 20 期，1935 年 7 月 27 日；《文化的護法》
　　　　載《時代》8 卷 11 期，1935 年 11 月 20 日。

〔註10〕　《時代》1 卷 12 期封二廣告《本刊重要啓事　今後三大革新》，1930 年 10 月
　　　　15 日。

〔註11〕　《時代》1 卷 12 期封二廣告《本刊重要啓事　今後三大革新》，1930 年 10 月
　　　　15 日。

從這個操作解釋來看，至少對於《時代》的運作有三個方面的積極效應：其一，在媒體的運營中，「名人效應」是一個很有實效且見效迅速的方式。頗有經營頭腦又擁有包括政界，文藝界，繪畫界等各界廣泛人脈的邵洵美自然能夠很輕鬆地運用此策：

> 我們為要使讀者不和本時代的偉人與名人疏遠，因此便特聘偉人名
> 人擔任稿件，又委專員與各偉人名人作詳細談話，務使未曾與他們
> 謀面過的人，也能和他們相熟的朋友一樣，徹底地瞭解他們的為人，
> 他們對社會服務的苦心，他們對學問研究的熱忱。〔註12〕

一方面提高了內容的質量和層次，另一方面通過這些名人能夠使《時代》的知名度也迅速提升，這直接帶來的就是發行的利好，也就意味著經濟效益。而假使雜誌的名聲大了，那麼名人也就更願意借助其露臉，傳播言論等，自然更容易請到。顯然，這是一個相互促進的良性循環。可見，當代習以為常的名人和媒體的共生效應在 20 世紀初期也同樣是一種有效的經營手段。其二，來自名人的關於時政的意見，也使《時代》關注時代特徵的眼光更為有深度，也更有權威。其三，出自名人的文藝類稿件，能夠彌補《時代》早期文字的平弱及藝術性，趣味性淺薄之缺。這一招可謂一石三鳥，由此也可見邵洵美所具備的經營頭腦和能力。

邵洵美的加入，解決了《時代》的資金問題，但由於印刷仍然由他人代理，印刷環節也常出現問題。〔註13〕因而延期現象仍然存在。由於意識到出版和印刷之間有著密不可分的關係，於是才有了邵洵美斥鉅資自購影寫版印刷機，自行印刷的舉措。由個人獨資購買影寫版印刷機，在現代中國出版史上，邵洵美是第一人。1932 年 9 月 1 日，由邵洵美創辦的時代印刷公司正式開張，它擁有世界最新式的影寫版印刷機器，這一先進的印刷力量的誕生是不可忽視的，我們知道，現代文學的寫作與傳播乃直接產生並依賴於機器印刷時代的技術革命，印刷技術直接決定了刊物書籍的出版時間、數量、印刷質量、裝幀設計等。沒有印刷可以說談不上出書出雜誌。至此，邵洵美的生產鏈條進一步擴大，且不論其財力之於獨資購買機器的大小，就此事件本身，

〔註12〕《編完以後》，《時代》2 卷 1 期編後記。
〔註13〕據《時代》畫報 2 卷 3 期 1931 年 2 月 2 日「編完以後」稱「上海有影寫版機器的印刷所只有一兩家，他們生意興隆，忙不過來」。另據《時代》2 卷 6 期「本刊啟事」也說：「屢為印刷公司所誤，致每不能如期出版」。

足可見邵洵美在生產經營上的氣魄。

（二）《新月》與新月書店

新月書店開辦之初，邵洵美只是個清水股東，並不參與書店的實際工作。邵洵美正式加入新月書店的經營管理，應在 1931 年 4 月底 5 月初〔註14〕。時值新月書店的危機關頭，邵洵美的加入，不僅在資金方面有所幫助，在經營頭腦和社會關係上更是注入了新的動力。1931 年 2 月 9 日，徐志摩在給好友畫家劉海粟的一封信裡，以十分欣賞的口吻介紹了邵洵美「洵美已收金屋，現辦圖書時報，兼治印刷，將來規模不小。此公活動有為，可愛得緊。」〔註 15〕這種表述，也從一個側面表現出對邵洵美活動能力，經營能力的肯定。

邵洵美的經營頭腦，則從他上任伊始就從書店的版稅收入、代售收入等方面著手改變經營辦法可見一斑。1931 年 7 月 5 日，邵洵美在給胡適的信中為《白話文學史》上卷重版一事，從經營上著想，有兩個提議，一是將上卷分作兩冊，二是以三十二開紙印，三是每冊售洋九角或八角五分，「這樣一來，書店成本可降低，而賣價又可稍漲，何樂不為」〔註16〕而 1934 年 2 月 9 日的胡適日記從反面說明了邵洵美作為商人的精明「到現代書局看洪雪帆，談《獨立》（按指《獨立評論》）代派事。……《獨立》在新月寄售代定之款，屢索不還，今新月賣給商務，有錢還欠，而仍不還。我昨夜對光旦老實說我對洵美的不滿。今早竹鑫生之弟打電話來說洵美送了二百二十一元，只有五成，還是十二日的期票。」〔註17〕

在營銷手段上，邵洵美採取了一些如捆綁銷售等優惠措施。《新月》4 卷 4 期上發佈了這樣一則廣告「詩刊與《新月》月刊合訂者，全年只收大洋一元」。計算下來，這要比單獨訂閱全年一元四角便宜四角，幅度顯然是比較大的。而也有諸如「新月書店大廉價一月」的打折廣告，無論版式設計還是語氣，景象無異於今天的「揮淚狂甩」。同時，書店繼續代售報刊雜誌，如同人潘光旦主編的《華年》周刊及一些英文雜誌等。

〔註14〕 時間考參見劉群《新月社研究》，復旦大學優秀博士論文，2006 年。

〔註15〕 徐志摩致劉海粟，1931 年 2 月 9 日，選自虞坤林編《志摩的信》，學林出版社，2004 年版，第 159 頁。

〔註16〕 邵洵美致胡適，1931 年 7 月 5 日，選自《胡適來往書信選》中冊，中華書局，1979 年，第 74 頁。

〔註17〕 胡適日記，1934 年 2 月 9 日，選自《胡適日記全編》（6），安徽教育出版社，2001 年，第 318 頁。

　　而從新月書店的主營業務《新月》雜誌方面考察，《新月》上的廣告在前後有所變化。在創辦初期，由於《新月》的純文藝氛圍，所以其廣告以書店出版的書廣告爲主，除一卷前幾期因股東緣故而有紙商廣告，銀行廣告外，基本不見其他行業的商業廣告，直到 3 卷 4 期起才又開始出現商業廣告，尤其是邵洵美正式加入新月書店經營管理，任《新月》發行人後外行業廣告明顯增加，像聞名上海灘的沙利文烘焙麵包、多次刊登的中國銀行總經理張公權致銀行同人書等。這些都顯示出邵洵美爲增加書店收入改善月刊發行，充分動用了其社會關係及經營頭腦，積極拓展行業溝通的範圍。

（三）《論語》與時代圖書公司

　　在《論語》長達 17 年的時間跨度中，其風格隨著主編的更迭也有不同程度的差異〔註 18〕，但是其經營者卻自始至終是邵洵美，比起我們所熟知的林語堂，邵洵美與《論語》的關係可以說更爲密切。醞釀創辦《論語》的幾次籌備會都是由邵洵美發起並在自家客廳舉行的，《論語》創刊後，出版發行也都由他的書店、印刷廠一手承擔，自 1933 年時代圖書公司成立後，更是由其承擔經營出版發行。《論語》之所以生存時間長，與其受讀者歡迎分不開，在邵洵美所辦的眾多雜誌中，《論語》也是盈利最多的雜誌。毫無疑問，這與雜誌成功的經營運作模式不無關係，而這一定程度反映了經營者的意志。《論語》正是集中體現了邵洵美在此時期的經營理念。

　　其一，重視「品牌」形象的樹立。品牌是一個充滿現代消費意識的概念，它指的是「對一套消費者和潛在購買者在長時間內可以始終信賴的價值體系的簡化描繪。它使自己代表的商品區別於競爭對手的產品或服務。」〔註 19〕《論語》一方面通過相對穩定而副有鮮明特色的欄目設置來起到穩定讀者群；另一方面通過特色產品來突顯其品牌形象，這個特色就是它的專號。與其他的雜誌相比，《論語》的的專號更多，且辦得尤爲成功。在 177 期的雜誌中，專號就有 19 期〔註 20〕，內容涉及美術、教育、幽默、癖好、燈、吃、病、

〔註 18〕自 1932 年 9 月創刊到抗戰爆發中斷，後 1946 年又復刊，直至 1949 年解放前夕停刊。主編先後有林語堂、陶亢德、郁達夫、林達祖、李青崖、邵洵美等。

〔註 19〕〔美〕約翰・馬裏奧蒂著《品牌和打造品牌》，時健、李克良譯，上海遠東出版社，2002 年，第 1 頁。

〔註 20〕19 期專號分別爲：美術批評專號、蕭伯納遊華專號、週年紀念號、陰曆新年專號、兩週年紀念特大號、西洋幽默專號、中國幽默專號、現代教育專號、三週年紀念特大號（農民生活特輯）、新年特大號、鬼故事專號、家的專號、

家等多個方面。這些專號多為編者出題目徵稿,《論語》的專號題目也與其辦刊方針相適應,大多不涉及當時政治,貼近生活,內容活潑,深受讀者、作者的歡迎。

其二,正視讀者,重視與讀者的互動。作為三十年代曾經一紙風行的《論語》雜誌,無疑已經進入了文學市場運作的體制中,作為經營者的邵洵美更是深諳讀者需求喜好對雜誌的制約作用更大於雜誌對讀者的啓蒙教化作用。《論語》從一創刊就非常重視自己的讀者,有著明確而清醒的讀者意識,從第一期起就設有欄目「群言堂」,專門刊登讀者的來信,與讀者進行溝通,希望讀者與編者能真正合作。正是對讀者的正視,才得已吸引讀者,而實際上,作為編輯之一的林達祖本是《論語》的一名讀者和投稿者,因向邵洵美索要稿費而與之相識,並受到邵洵美的重視而成為《論語》的編輯。這一逸事也是《論語》之重視讀者的一個證據。

其三,採用靈活而穩妥的發行方式。《論語》的發行採取預定、零售相結合的方式,《論語》每期的封二上都有零售和預訂價格表,各省市縣各大書坊均有其代售處。在 1937 年停刊前,號稱有「三萬讀者,八千訂戶」〔註21〕,從這一數字還可看出《論語》是以零售為主。以零售為主,最大的優點就是能根據市場及外部環境的變化,迅速調整價位。

在《論語》創刊一週年後,1933 年 11 月,時代圖書公司成立。此時,邵洵美已經擁有時代印刷公司和時代圖書公司兩大機構,同時還有一個第一出版社,由此,邵洵美形成了從創作編輯到印刷直至發行的完整的生產鏈條。而緊接著上海進入了 1934～1936 年的「雜誌年」,時代圖書公司也達到了鼎盛時代,號稱擁有九大刊物:《時代》畫報(1929～1937)、《論語》(1932～1937,1946～1949)、《十日談》(1933～1934)、《時代漫畫》(1934～1937)、《人言周刊》(1934～1936)、《萬象》畫報(1934～1935)、《時代電影》(1934～1937)、《聲色畫報》(後改周報 1935～1936)、《文學時代》(1935～1936),且都裝幀精美,內容豐富。暫且不論這些刊物的價值,僅從期刊所涉及的領域來看,如此有跨度的規模就足已窺見作為老闆的邵洵美之雄心氣魄。細看這些期刊內容,從生活瑣屑、時尚潮流到文學藝術甚至政治時事,大有包羅

燈的專號、癖好專號、吃的專號、病的專號、復刊週年特大號、新年專號、逃難專號。

〔註21〕編輯部《通電》,《論語》第 117 期。

雜誌市場領域之勢。而且此時的「時代」自主編輯期刊，自主印刷，自主發行，期刊編輯發行與經營互動，多種媒介重複影響互動，就是在被稱為「媒介時代」的今天也是值得稱道的。

從上述幾個有代表性的經營個案來看，上世紀三十年代的邵洵美具備相當的經濟頭腦並且自覺地運用到文學生產活動中，綜觀邵洵美在經營方面的表現，至少可以從兩個角度來進行描述：

從經營模式、營銷方法角度來看，其一，從編輯期刊的編輯部開始並以此為中心延伸到印刷業務，開印刷廠，繼而延伸到發行業務，辦圖書公司，至此實現產銷一條龍的營銷模式。這一方面保證了自己產品的生產鏈條順暢，同時又拓展了一系列周邊業務，從而使文化產業化。其二，善於利用多重媒介重合反覆宣傳造勢。在出版經營中，期刊由於其快速的流動性擔當起主要的宣傳媒介，這也是邵洵美利用最多的，包括宣傳時代印刷廠的開張及主要業務，時代圖書公司的品牌形象宣傳，如反覆出現在各雜誌中的「九大雜誌」「七大雜誌」廣告，此外還有時代圖書公司所出版圖書的預告及宣傳，而且在不同的雜誌上交叉重複地進行宣傳。另外所轄期刊出版日期不一，所以每隔 5 天時代圖書公司便有兩種雜誌出籠，這實際上是一種規模化，持續化的品牌形象營造。除了運用發揮核心作用的期刊，還利用沙龍聚會等社會活動來輔助造勢經營。「名人效應」也被其很好地運用，通過名人招徠讀者，提高知名度。其三，運用靈活的促銷方式。在「時代」所有的雜誌中經常見一些促銷廣告，或捆綁銷售「訂一贈一」，或發放優待券，靈活多樣。

出版經營中，期刊經營是重點，而期刊經營的主體便是刊物本身，這是期刊的最大經營。就期刊經營而言，其一，在時代鼎盛時期，同時擁有 9 份雜誌，而這些雜誌的定位及所涉及領域各有特色，但是統一於大眾文化這一大主旨下。其二，有特色經營意識。獨特穩定的出版形象，是雜誌在競爭中創品牌的必要條件，邵洵美在雜誌經營中注重創意而副有新意，比如所辦《十日談》，採用八開的大開本，就是為了區別於一般雜誌的 32 開本。而後來辦《聲色畫報》的主旨也是為了彌補當時一份中西文化交流的《天下》。其三，重視讀者需求，以各種方式吸引讀者。重視讀者，首先是正視讀者，邵洵美在所辦的雜誌中都有與讀者溝通互動的欄目，且很重視讀者的意見和要求，也善於運用一些與讀者生活密切相關的題目進行徵稿討論從而引起讀者的關注。比如《家的專號》就是徵求讀者意見取的題目。其四，重視刊物的質量，

包括印刷質量和版式設計質量，內容質量。

　　雖然在以往的評價中，將邵洵美的出版事業結局定爲失敗，而這一切似乎都歸於其的不善經營，或許從最後晚年邵洵美的凄涼來看，無疑是失敗了，然而我們客觀地回到歷史的現場，從上述描述來說，僅以「失敗」來下結論是有偏頗的。我們可以看到：《時代》畫報是二三十年代中國畫報中唯一可以與風行一時的《良友》畫報有得一比，且毫不遜色的大眾刊物，出版周期長達九年，基本涵蓋了抗戰全面爆發以前的整個 30 年代，是一個極爲寶貴的歷史文化資源寶庫；時代印刷廠擁有中國第一臺德國進口的影寫版印刷機，其印刷質量在當時是一流的；時代圖書公司鼎盛時期號稱「九大雜誌」，成系統，成規模；《論語》是一本獨特的且在當時尤其有影響的雜誌，幾十年後的今天，還有研究者將《論語》上的文章分門別類輯錄成十大本《論語》選本發行……這一些事實都無一不與這個被歸於「失敗」的邵洵美有著重要關係。

二、如影隨形的「詩人」底色

　　上世紀二三十年代的邵洵美，在其熱火朝天的文學生產活動中，確實地通過各種與商業文化相關的手段來實踐其建設大眾文化的目標，表現出相當自覺的經濟意識，但是，正如他自己所述：「你以爲我是什麼人？是個浪子，是個財迷，是個書生，是個想做官的，或是不怕死的英雄？你錯了，你全錯了，我是個天生的詩人。」〔註 22〕在章克標所說的邵洵美所具有的三種人格〔註 23〕中，詩人也是其最基本的人格。詩人的最大特徵便是理想化，而商人則是以現實爲重的。詩人和商人有著明顯甚至相矛盾的身份特徵差異，詩人的現實是服從於理想的，爲實現理想而往往忽略了通往理想的現實道路；而商人最大的特點便是現實利益。在 30 年代的上海文化界，有著濃鬱的商業氣息，文化產品也成了一種特殊的商品，其需求度及效益直接關係到產品的生存和發展。這個時期的文人，因其所固有的文人詩意特質與商業文化的衝突，在現實的文學生產中往往處於一種複雜的交融與相斥的身份分裂掙扎狀態，一方面是固有的文人的精英藝術品位，一方面是贏取大眾讀者從而獲得商業利益的現實驅動。邵洵美作

〔註 22〕邵洵美《你以爲我是什麼人》，選自邵洵美作品系列詩歌卷《花一般的罪惡》，上海書店出版社，2008 年，第 151 頁。原載於《金屋月刊》第 11 期，1930年。

〔註 23〕參見章克標《邵洵美與金屋書店、時代書店》，《出版史料》，1987 年第 3 期。章克標認爲邵洵美有三種人格，一是詩人，二是大少爺，三是出版家。

爲一個唯美詩人也同樣不能例外,其作爲出版商的身份和固有的詩人的氣質及唯美志趣並存於一身,從而在出版經營的平臺上,時常表現出一種功利與非功利意志的交織。

首先,邵洵美從文學轉向文化出版,其終極目標是爲實現文藝的理想,「將文學打進社會」〔註24〕。只有文人才會以此種近似於形而上的理想爲目標指向,眞正的商人則是以利潤,利益爲終極目標。也正是因爲這樣的不同,才使我們看到了一些邵洵美特異的經營行爲。一個例子是在《時代》畫報遭遇印刷問題困擾的時候,邵洵美花五萬元獨資購進世界先進的德國影寫版印刷機,其時的邵洵美剛接手《時代》,僅有這樣一份經常脫期的畫報,卻出鉅資買最先進的印刷機器,當然如果從這套先進的印刷機器對於之後邵洵美事業壯大,甚至對於現代文學傳播的貢獻來說,自然可以說是邵洵美不一般的氣魄。但在當時情況下,雖然人人都知道印刷圖片用銅版,紙張要求高,成本也高。而如果用影寫版機器來印,不但畫面網點小,效果好,而且可以用道林紙印,降低成本。但是眞正的商人會計算成本與資金周轉速度等因素,會考慮到買機器的一次性投入太大,而且如果攬不到足夠的印刷業務,就連機器的維護成本也難以負擔。或許有人會說,那是因爲邵洵美家大業大,這錢對於他九牛一毛,然而事實上此時的邵家早已不如傳說中有錢。1930 年,邵家就將「貴族區」裏的邵宅改成新式里弄,把一部分租借給別人以增加收入。自那以後,邵家不斷以更變房產泄漏家道中落的事實。而購買機器的五萬元也是變賣房產後分得的。而事實上,雖然《時代》畫報的印刷質量的確有所提高了,但是精明商人所後怕的印刷業務不足的問題還是難以避免。有一段時間,機器停工的時間遠比開工的時間要長,加上邵洵美講人情,心腸軟,製版印刷的款項時常收不回來。

1934 年《萬象》的出版,宣稱要「將現代整個尖端文明的姿態,用最精緻的形式,介紹於有精審的鑒別力的讀者」〔註25〕。畫報爲大 16 開本,有大量彩頁,用三色銅版和彩色橡皮版精印,介紹中西美術、古今名畫、諷刺畫等。可以說邵洵美所要實現的副有藝術性旨趣的雜誌,裝幀堪稱豪華。然而連出了兩期就停刊了。編者痛苦地表示「及創刊號問世,的確震撼中國出版

〔註24〕 參見邵洵美《花廳夫人》,選自陳子善編《洵美文存》,遼寧教育出版社,2006年,第 326～328 頁。
〔註25〕 《編輯隨筆》,《萬象》畫報創刊號,1934 年 5 月號。

界。雖擁護者不爲不多，但營業統計報導失望。苦鬥下，第 2 期雖然出版，銷數上陞，但損失已出乎雜誌界意料之外。」〔註26〕

　　然而就是這樣一份承載邵洵美理想的卻大敗的刊物，稍微停頓了一陣，1935 年 6 月又復刊了，此番保證「材料和印刷更加充實完美」的前提下，實行「降價政策」，由五角減爲三角，爲了其完美的理想可謂良苦用心。

　　還有《新詩庫》〔註 27〕從書的出版，一套幾乎沒有經濟價值，吃力不討好的書，而邵洵美之所以不惜財力與精力，卻僅是爲了「鼓勵新詩人更興奮的努力，求得社會上更普遍的認識，貢獻讀詩人更圓滿的欣賞」〔註28〕。《詩刊》第一期銷路很好，再版。第二期就賠了本，第三期也是如此。原因是：詩稿來得多，志摩他們喜歡極了，挑來挑去，幾乎都不忍捨下，刊物出來，比原計劃的厚很多。物價上漲，成本算下來該五角，但刊物定價不能漲。無怪乎書店經理著急說：「眞是一班詩人，一點生意的常識都沒有！」〔註29〕

　　其次，詩人是理想化的，又多是天眞、率性的。雖然邵洵美在歷練中能夠靈活地運用一些商業手段，也頗有經營頭腦，但是骨子裡的書生意氣卻始終不變，因而才會因朋友意氣而受命於危難之間。入股新月書店就是這種情況，《新月》月刊創刊後，文禍不斷，這也使得書店的經營搖搖欲墜。到 1930 年 8 月 29 日，徐志摩禁不住寫信給胡適訴說「新月正苦無書」〔註30〕的困境。另一方面，《新月》月刊也由於組織不力，頻繁出現脫期延期情況就是在這樣的危機中，邵洵美因其與「新月」的靈魂人物徐志摩交好，儘管自己已爲辦《時代》畫報花去鉅款購買新式印刷機，面對新月書店援手救溺的懇求，仍慨允解囊。〔註 31〕邵洵美和他的摯友徐志摩一樣永遠是那樣理想化而充滿熱

〔註26〕　《萬象停刊啓事》,《論語》第 53 期。

〔註27〕　參見邵綃紅《我的爸爸邵洵美》,上海書店出版社,2005 年,第 164～168 頁。《新詩庫》叢書是邵洵美 1936 年計劃由時代圖書公司陸續出版的新詩專集叢書,預計數十種,第一輯十種,自 1936 年 3～10 月出版,分別爲方瑋德《瑋德詩文集》、梁宗岱《一切的峰頂》、陳夢家《夢家存詩》、金克木《蝙蝠集》、邵洵美《詩二十五首》、朱湘《永言集》、羅念生《龍涎》、侯汝華《海上謠》、徐遲《二十歲人》、孫洵侯《太湖集》。由於收集詩稿等困難,之後的出版計劃擱淺。

〔註28〕　邵綃紅《我的爸爸邵洵美》,上海書店出版社,2005 年,第 165 頁。

〔註29〕　徐志摩《詩刊》敘言,《詩刊》第 3 期,上海新月書店出版,1931 年 10 月 5 日。

〔註30〕　徐志摩致胡適,1930 年 8 月 29 日,選自虞坤林編《志摩的信》,上海學林出版社,2004 年,第 285 頁。

〔註31〕　章克標《章克標文集》（下）,上海社會科學院出版社,2003 年,第 148 頁。

情，後來，他又回應徐志摩出版了純文藝的，純詩歌的《詩刊》，徐志摩去世後，更是傾情支持出版了「志摩紀念號」。他一邊當著老闆，一邊卻蝕著本地做著有關詩人理想的事情。真是一個傻得可愛的老闆。

最重要的是，詩人有詩人特有的旨趣。有著詩人氣質的出版商，必定與真正的商人辦出版有不同的風格，他們總會天然地將自己置身於商業目的與文藝追求的夾縫中，努力地尋求一種看來合適的平衡，而這種調和矛盾主旨的狀態又形成了有著身份分裂特徵的主體落實於所經營的媒介，比如雜誌的風格和旨趣。

20 世紀 30 年代，富有資本主義享樂色彩的通俗文藝新出品〔註32〕在上海尤其興盛，《良友》便是屬於此類新出品，且雄心勃勃地有取代上海較為傳統的市民文化之勢，而《時代》的誕生就是為了與《良友》一爭高下，本屬同類。此類刊物的性質應是以追逐讀者興趣、吸引更多讀者，從而創造更大經濟價值為目標的重娛樂，消閒性的圖文綜合刊物。《時代》創刊初期，在辦刊形式上也多模倣《良友》，偏重娛樂性，某種意義上多有獻媚軟雜誌之嫌，這與文人骨子裡的清高、嚴肅及使命感一定程度上是格格不入的。當詩人邵洵美接手《時代》，自然會使《時代》的思想性和趣味層次有所變化。這是文人辦刊和漫畫家辦刊及商人辦刊的區別所在。商人偏重迎合讀者，賺取利潤，畫家偏重視覺享受，詩人則會更偏重思想關懷，而作為商人和詩人身份集一身的邵洵美來說，自然是也必定會努力地尋找一種能夠統一兩者相異身份所對應的價值取向的方式，這就是既能吸引大眾（媚俗），又能引導大眾、提升大眾的言說方式，即利用娛樂搭載思想和藝術內容。拿新增的欄目——名人談話來說明：

> 《時代》自 2 卷 1 期開始，開闢了專欄「名人談話」〔註33〕，這固然是作為老闆的邵洵美出於利用名人招徠讀者的商業手段，但同時從名人所談內容上看又包含了詩人邵洵美通過名人對大眾進行潛移默化的教育和啟蒙的目的。可以說，改革後的《時代》輕重兼備，既有漂亮的時尚照片，也有對思想文化問題的提出和探討。既有吸

〔註32〕鄭伯奇《論新通俗文學》，載《光明》2 卷 8 號，1937 年 3 月。

〔註33〕內容有：胡適談自己的近作（記者：《胡適之先生訪問記》），載 2 卷 1 期；蔡元培談美育，（記者：《見蔡孑民先生的半點鐘》），載 2 卷 3 期；蔣百器談佛教之於社會生活的作用，（記者：《見蔣百器先生》），載 2 卷 4 期；陸小曼談青年男女的交際，（記者：《與陸小曼女士十分鐘的談話》），載 2 卷 4 期；王曉籟談自己的為人、立業、娛樂，（記者：《見王曉籟先生的一點鐘》），載 2 卷 5 期。

引大眾讀者的五光十色的交際生活、明星風采，也寄託著詩人實現理想的心跡。邵洵美曾在一篇文章中虛提一個朋友辦出版，一味迎合群眾需要，賺了大錢。人家責備他太投機，太商業化。這位朋友辯解說，「你我都是群眾的一份子。教育群眾也不是你我的責任。群眾安分地在一種政府下作樂，我們不必教他們革命。群眾願意入地獄，我們不能硬要他上天」。接著邵洵美又以批評的口吻說，「不過我總希望他不要太信任群眾，群眾也有錯誤的地方，正像獨裁制的元首也免不了過失！」〔註34〕這樣的辯解和批評其實又何嘗不是邵洵美心中詩人與商人人格的對話呢？

結　語

作為詩人追求美，追求詩意，而詩意往往與普通大眾的興趣有差距，因而往往難以受到大眾的喜歡；商業主義則以贏利為目的，必然要想方設法迎合大眾讀者的需要，從而有可能犧牲掉藝術性而媚俗；藝術的唯美性必然與現實時代有一定距離。然而，在 20 世紀 30 年代的上海，文學、文化無不滲透著商業主義的氣息，身處都市漩渦中的詩人，對於現代傳媒的巨大威力自然會有所體會，於是才會試圖利用它來解決純文藝的傳播問題。所以唯美詩人邵洵美才會想利用出版大眾文化期刊來培養利於文學生長的「班底」和「護法」。進入現代傳媒和市場後，由於不同的場域有不同的情境邏輯，主體的身份被分裂成藝術性與商業性兩個性質，詩人邵洵美也同時成了書店老闆，社會活動家，詩人的天真與商人所需的世故分裂並統一於邵洵美。然而其結果卻讓邵洵美頗感尷尬。在出版經營中摻雜著詩人感性的，理想化的行為特質，使經營屢屢失敗；而在藝術創作中受商業主義影響，使藝術漸漸大眾甚至媚俗；在象徵著大眾趣味的畫報中，象徵著詩性的文字失去了主導地位，甚至淪為圖象的附屬品。現代傳媒本是實現文學理想的工具，卻最終成為文人安身立命的生活方式。文學與市場糾纏越深，那麼文人陷身都市漩渦的尷尬越明顯，邵洵美被評價為失敗的尷尬便是於此。

然而，我們也應該看到，正是因為通過與商業主義的聯姻，才使文學注入更豐富的內涵，獲得真正的生命動力，從而產生廣泛而深遠的影響。正是

〔註34〕郭明（邵洵美）《自己筆記》，載《時代》2 卷 11 期。

因為辦雜誌、辦書店的保證，才使邵洵美有機會將自己的，還有許多現代文人的文學創作得以發表傳播，才能成功保留住文學的現場，形成和發展了諸多文學流派，從而連綴成文學的歷史，使文學獲得影響現實社會的力量。

【作者簡介】
　　秦芬，廣西師範大學灕江學院中文系講師，主要從事中國現當代文學研究。

主要參考文獻

1. 《時代畫報》，1卷～10卷，1929年10月至1937年5月。
2. 《論語》半月刊，1～177期，1932年9月至1949年。
3. 陳子善編《洵美文存》，瀋陽：遼寧教育出版社，2006年。
4. 邵綃紅編《不能說謊的職業》，上海：上海書店出版社，2008年。
5. 邵綃紅編《一個人的談話》，上海：上海書店出版社，2008年。
6. 邵綃紅編《貴族區》，上海：上海書店出版社，2008年。
7. 邵綃紅編《花一般的罪惡》，上海：上海書店出版社，2008年。
8. 邵綃紅編《儒林新史》，上海：上海書店出版社，2008年。
9. 解志熙《美的偏至──中國現代唯美～頹廢主義文學思潮研究》，上海：上海文藝出版社，1997年。
10. 林淇《海上才子──邵洵美傳》，上海：上海人民出版社，2002年。
11. 蘇雪林《中國二三十年代作家》，臺北：臺北純文學出版社，1979年。
12. 邵綃紅《我的爸爸邵洵美》，上海：上海書店出版社，2005年。
13. 盛佩玉《盛氏家族·邵洵美與我》，北京：人民文學出版社，2004年。
14. 溫梓川《文人的另一面──民國風景之一種》，桂林：廣西師大出版社，2004年。
15. 周小儀《唯美主義與消費文化》，北京：北京大學出版社，2002。
16. 趙柏田《歷史碎影──日常視野中的現代知識份子》，北京：中華書局，2006年。
17. （美）李歐梵《上海摩登 一種新都市文化在中國1930～1945》，毛尖譯，北京：北京大學出版社，2001年。
18. 馬以鑫《中國現代文學接受史》，華東師範大學出版社，1998年。
19. 王建輝《出版與近代文明》，開封：河南大學出版社，2006年。
20. 王文英《上海現代文學史》，上海人民出版社，1999年。
21. 中國社會科學院近代史研究所中華民國史組編《胡適來往書信選》，中冊，

北京：中華書局，1979 年。

22. 張靜廬《中國現代出版史料》，上海：中華書局，1956 年。

23. 〔美〕約翰‧馬里奧蒂（John Mario）著《品牌和打造品牌》，時健、李克良譯，上海：上海遠東出版社 2002 年。

24. 〔美〕馬泰‧卡林內斯庫（Matei Calinescu）《現代性的五副面孔》，顧愛彬 李瑞華譯，北京：商務印書館，2004 年。

25. 包禮祥《近代傳播與文學的互動歷程》，《社會科學研究》，2000 年 5 期。

26. 費在山《盛佩玉再談邵洵美》，《文教資料簡報》，1982 年第 5 期。

27. 曠新年《一九二八年的文學生產》，《讀書》，1997 年第 9 期。

28. 李歐梵《漫談中國現代文學中的「頹廢」》，《今天》，1993 年第 4 期。

29. 李春雨、劉勇《接受與生成的互動——讀者對現代文學生存狀態的獨特意義》，《天津師範大學學報》（社會科學版），2006 年 2 期。

30. 李春雨、劉勇《現代作家多重身份互動互溶的考察——一個本應受到重視的問題》，《海南師範學院學報》（社會科學版），2006 年 2 期。

31. 劉群《新月社研究》，復旦大學博士論文，2006 年。

32. 王京芳《邵洵美和他的出版事業》，華東師範大學博士論文，2007 年。

33. 王小敬《邵洵美：一個典型的文化媒介人》，華東師範大學，2001 年。

34. 王建輝《邵洵美：一個不太成功的詩人出版家》，《出版廣角》，2001 年 1 期。

35. 王本朝《文學轉播與中國現代文學》，《貴州社會科學》，2004 年 1 期。

36. 章克標《邵洵美與金屋書店、時代書店》，《出版史料》，1987 年第 3 期。

37. 張偉《邵洵美和他的出版事業》，《中國編輯》，2006 年 4 期。

柒、家長身份的無奈變移—以民國經濟與政治的關係為視角解讀《寒夜》

孫擁軍

　　文學是一個時代的傳聲筒，它總是在關注著每一時代政治、經濟、文化的興衰變遷，緊扣著時代的脈搏，努力地捕捉和記錄著時代的信息，忠實於作為文學這一概念的根本。因而，關注現實，反映現實，記錄現實，是文學無法迴避的使命，在一定意義上而言更是文學的生命所在。無論是在中國文學史，還是世界其他各國的文學史上，文學對政治、經濟、文化變遷、社會生活等方面的記錄與反映，時時展現在作家的筆端，各以自我的方式及其獨特的思索，記錄和反映著所處時代的歷史變遷。

一

　　文學與政治、文學與經濟、文學與社會的關係，從古至今，中外評論家已經做過較多的論述，已經無需多言，但如何用文學的形式去記錄和表現社會政治、經濟、文化的變遷，也就是作家如何用其文學創作來記述這些社會變遷，無不是作家們對其所處時代的風雲變遷所進行的人生體驗與感悟，依照其特有的思索視角，將這些社會變動記錄於筆下。

　　眾所周知，在現實的社會生活中，政治與經濟的關係本就是一個較為複雜的矛盾體。按照馬克思經濟學所說，生產力決定生產關係，生產關係一定要適應生產力的發展。也就是政治根源於經濟，由經濟決定，必須在經濟基礎上認識政治，政治不是離開經濟而孤立存在的，一定的政治總是在一定的經濟基礎上產生的，並為一定的經濟基礎所制約的。由此來說經濟決定政治，

經濟基礎決定上層建築，決定政治制度。經濟基礎的變化，必然會引起政治制度的相應變化，並且上層政治制度必須進行自我的調正，以適應經濟基礎的變化，否則，必然會阻礙生產力的發展。同樣，上層建築對經濟基礎也會有一定的反作用。

由此而言，在一定社會時期，經濟基礎的變化必然會引起政治上層建築的系列變化，必然為引起各種社會制度、社會體制的相應改變，這種改變或者變化，不僅僅會體現在社會、歷史的風雲急變，還必將在民眾的日常生活中體現出來，尤其是上層制度為適應經濟基礎的變化而進行自我改變與完善時，必然會引起較大的社會波動，對民眾的心理、日常生產、生活都將產生一定的影響。

在中國現代文學史上，以其文學創作的形式，從經濟與政治的決定與被決定的複雜關係為視角，去反映社會制度、社會體制變化的作家不是少數，但大多作家關注經濟與政治關係的的切入點都是聚集於「上層建築對經濟基礎的反作用」以及階級對立的關注點，如葉聖陶、洪琛以及茅盾的「農村三部曲」記錄著資本主義大機器生產對中國傳統農村自然經濟的巨大衝擊，小農經濟逐步走向破產，許傑、柔石、羅淑等人的「典妻」小說不平等的政治在經濟上對農民的壓榨與盤剝，使農民在經濟上走投無路，還有吳組緗、葉紫、沙汀、艾蕪等作家的創作，記錄著在新思潮的感召下，農民政治上走向自覺，經濟上開始爭取自主權，等等。而從「經濟基礎決定上層建築」的角度來反映這一關係變化的作家就較少，巴金應該是其中的代表，其創作的小說《寒夜》就是這一視角的反映，用文學的形式記載著經濟體制的變化給政治制度帶來的巨大衝擊。

二

在中國現代文學史上，巴金的小說《寒夜》一直被認為是一部反映婆媳之間矛盾的家庭小說。其實，這部小說真實地反映了 20 世紀 40 年代民國經濟與政治關係的複雜演變。小說雖然反映的僅是一個「祖——子——孫」三代的四口之家，即汪母，兒子汪文宣，兒媳曾樹生，孫子汪小宣，但這樣的家庭其實就是中國幾千年來家族制度的一個代表，雖然人口結構較為簡單，完全具備作為一個封建家族的所有因素，並且這個民國時期的家庭也不再是傳統意義上的封建家庭，已經具備了現代家庭的因素，在一定情況下正在向

現代意義上的家庭轉變，最主要的表現就是家庭家長身份的無奈轉移與讓位。

在中國漫長的歷史長河中，封建家長制度形成較早，並一代代地不斷完善和加強，最終成爲封建社會的重要特徵。東周後期，隨著井田制、世卿世祿制和奴隸主貴族的宗法禮制的崩潰，以及封建主義的生產關係的逐漸形成，大量的小農家庭出現了，一家一戶成爲一個生產單位，成爲社會的組織細胞，家庭經濟成爲普遍存在的社會形態，取代了以宗族爲基本經濟單位的形態。由此，封建家長制逐漸取代了奴隸主貴族的宗法大家族制度，奴隸制的宗法制轉化爲封建家長制了。

中國的家長制度，是中國封建社會、倫理綱常體制下最主要的體現，在封建社會男尊女卑，家族是以男性爲中心，由父系血緣關係聯結起來的。所以封建家長就是父系父權的代表，在家庭中擁有至高無上的權力，誠如「家無二主，尊無二上」（《禮記‧坊記》），「父，至尊也」（《禮記‧喪服傳》）所言，在理論上賦予了至尊父家長在家族中的主宰權，「凡諸卑幼，事無大小，毋得專行，必咨稟於家長」（朱熹《朱子家禮》）。

因而，在封建宗法制度下，家長無疑是一個家族（庭）的絕對權威者，家族的成員都要無條件服從，對於家長的權威不可有任何的質疑與違抗。封建家長制在家庭中的專制，主要表現在經濟專制、思想專制、尊卑等級、家規家法等方面。經濟專制是封建家長制的基礎，家族財產，不論房產、地產，都屬於家長名下，家長享有對這些財產的佔有、使用、收益、處分的權利，家庭的全部收入，均歸爲家長。《禮記‧曲禮》中說：「父母存……，不有私財」，司馬光在《涑水家書議》一文中也說，「凡爲人子者，毋得蓄私財。俸祿及田宅收入，盡歸之父母，當用則請而用之，不敢私假，不敢私與。」可見，家庭成員必須以家長的意志爲轉移，以家長的是非爲是非，家庭其他成員均無言論、思想自由。就是這樣一代代的封建族長維繫著封建倫理綱常的延傳，維護著整個上層封建制度的合法化。

但 1840 年鴉片戰爭後，隨著晚清政府閉關鎖國的大門被炮艦打開，中國沿海主要口岸，以及內地主要河流的口岸，也逐漸被迫開埠通商，與西方列強進行不平等貿易往來，在這一進程中，西方的政治、經濟、文化等急劇湧進中國，尤其是西方的以機器大生產代表的經濟形式、生產方式的全面進入，對中國封建體制下原有的社會生產方式給予了巨大衝擊，徹底改變了中國傳統的、以手工作業爲主的自給自足的自然經濟形式，在中國出現了大機器生

產，與此相伴，在生產關係上資本主義經濟逐漸成為社會生活的重要部分，中國的社會性質也有封建社會變成半殖民、半封建的社會性質。

誠然，經濟基礎的變化必然會引起上層社會制度、政治關係的變化，而這些變化就最早在封建的家族內部關係的變化中顯現出來。巴金塑造這樣一個簡單而又複雜的家庭，其實就是當時整個中國封建宗法社會體制的一個縮影，它反映出來的婆媳間的矛盾，無不是當時整個中國社會經濟與政治間的複雜矛盾。巴金就是用文學創作的形式，記錄了這一時期中國社會政治、經濟間關係雜亂的真實狀況。

三

巴金在其小說《寒夜》中，就對經濟基礎的變化對家庭關係的影響，給予了充分展示，在經濟基礎發生變化時，家庭中家長權威面臨著挑戰，家長這一角色社會身份的被迫變移，必須讓位於新的經濟所有者，或者在家庭的重要決策、權威上，對經濟的所有者做出一定的讓步。在小說中，作者以日常家庭矛盾為切入視角，刻畫了三個身份不同的人物形象：

汪母：在這個由封建化向現代化轉變的家庭中，由於父親的自然缺位，毫無疑問汪母就成為整個家庭的家長，掌管著整個家庭的方方面面，維持著這個封建家庭的正常倫理秩序。由於長期受封建倫理綱常的禁錮與熏陶，滿腦子的封建思想，她要維護自己作為封建家族長者的權威，要時時刻刻捍衛自己的家長地位。但由於資本主義大機器生產方式的浸入，給自給自足的中國傳統鄉村自然經濟以巨大衝擊，機器大生產代替了手工生產，致使農民紛紛破產，曾母也不得不進城投靠兒子。進城後，面臨著一種新的經濟生活形式，但曾母還在企圖的維護著自我家長的權威與尊嚴，然而由於在經濟上已經失去了來源，必須依賴媳婦的收入來維持維繫這個家庭。經濟基礎的被動或者失去，必然會導致汪母家長身份的危機，但她不願意失去作為家長的權威，因而，處處對兒媳曾樹生百般挑剔。但家庭的主要經濟來源於兒媳，又不得不花兒媳掙來的錢，不得不在家庭關係上做出一定的讓步。

兒媳曾樹生：和汪文宣相比，《寒夜》裡的曾樹生佔有經濟上的強勢，是全家的經濟支柱，她的收入是汪文宣、汪母、小宣生活的主要來源。在中國現代文學早期的五四系列女性形象中，大多數都是以激烈地反抗獲得了掌握自身命運的權利，但卻不能夠進一步融入社會生活，不可避免地逐漸走上以

往女性的悲劇命運——湮沒於瑣碎繁雜的日常生活。魯迅先生就曾發表過《娜拉走過之後怎麼辦》的擔憂。但與誕生於五四初期追求女性解放的家庭婦女不同，知識女性曾樹生隨著女性解放的大潮，在思想上意識到自身的從屬地位同時，經濟上也已獲得了獨立，敢於衝破封建束縛，追求自身命運的決定權，主動走進了社會生活的洪流，在經濟獨立的基礎上努力開闢著自己的生活道路，並且獲得了一席之地，並處處表現出新女性意氣的昂揚開朗，處處追求個人價值的實現，敢於追求自我，接受新的經濟方式、生活方式，依靠自己的收入經營著這個四口之家。曾樹生作爲新的經濟體制的代表，一個在現代經濟體制下成長的新潮女性，她在努力地追求著自我的尊嚴與家庭內的權威，要在整個家庭中，擁有著絕對的經濟主動權，因而對於婆母的種種壓抑，她在反抗，在爭取自己的自由，在家庭內部建立起一種新的制度，按照自己的方式來經營著這個家庭，以支配這個家庭的生存與發展。

　　汪文宣：文學批評家一直認爲其是一個被不合理的社會所壓垮的小知識份子形象。他也曾是一位意氣風發的青年，讀大學時雄心勃勃地希望通過辦教育來改造社會，樹有教育救國理想。之後他與同學曾樹生戀愛、同居，足見其當年追求個性解放、蔑視傳統禮俗的熱情與勇敢。但是，現實生活徹底改變了他，尤其是經濟的拮据與艱難，使他成爲一個唯唯諾諾，畏首畏尾的庸人。其實，在王文宣內心深處，是一個極其矛盾的性格複雜體。在母親和妻子兩個女性之間，他都是深愛著的，不忍心去傷害任何一個。本有著崇高的理想，但是殘酷的社會現實是他的理想化爲泡影，以致在家庭經濟來源上，不得不依賴於妻子的收入。因而，在經濟上的從屬和不獨立地位，致使在家庭中發言權、決定權的失去。誠然，經濟地位決定政治話語權。一方面，他要順從母親的決定，另一方面又要尊重妻子的個性選擇，尤其是在母親與妻子發生矛盾衝突時，他是既無助又無奈，處處以犧牲自我爲代價，換取家庭短暫的安寧。其實，這已經是現代文學家族小說中的一個主題：封建宗法制度下，長子、長孫的角色艱難。巴金的另一部小說《家》，將這一角色的艱難描述地更爲淋漓盡致。

　　這看似一個家庭內部的矛盾，其實使整個當時中國社會經濟狀況的最真實寫照。汪母代表著中國社會原有的幾千年來的封建的政治體制，在新的經濟方式到來後，封建的一些上層政治體制還在極力維護著原有的經濟制度，並且在盡力地壓制著新的經濟制度的發展，以維護原有的家族權威與政治秩

序。但作爲代表原有政治秩序的汪母，也看到了新的經濟方式到來的巨大衝擊力，把原有的自給自足的小農式的自然經濟完全衝垮，農村經濟者相繼破產，淪爲工業大機器生產的奴役。其實，這些原有的封建制度、社會體制的維護者，在面對新的經濟形式到來時，內心是充滿恐懼的，擔心這些新的經濟體制所建立的顯得政治體制對封建的政治體制的瓦解與取代。從另一個角度，我們也可以看出，在一種新的經濟、政治體制的產生的無比艱難，舊的體制必然不甘心退出歷史舞臺，對新生的事物百般阻礙，抑制其更快更好地發展，因而，在中國民國體制下，中國封建的體制一直在壓抑中國資本主義經濟的向前發展，中國一直沒有建立一個完整的資本主義經濟、政治體制，中國社會性質還一個半殖民、半封建的社會性，但在這個社會中，已經包含資本主義的眾多因素。正如茅盾通過長篇小說《子夜》的創作，有力地回答了當時社會上對中國社會性質的爭論，那就是：中國沒有走上資本主義道路，中國仍然是一個半殖民、半封建性質的國家。

由此而言，經濟基礎的改變，必然會引起上層建築的變化，引起社會制度的改變，以適應新的經濟生產方式。一種新的經濟形勢的產生，必然舊的經濟形式和舊的政治制度的讓位於新的經濟形式，誰擁有了經濟的主動權，誰就擁有政治的話語權。

【作者簡介】

孫擁軍，河南理工大學文學院副教授，博士，主要從事中國現當代文學研究。

第四編　文學經濟與文化商品

壹、小資本與大「創造」——泰東圖書局與創造社

湯巧巧

　　近年來，在出版與現代文學的關係研究中，學界已經十分明確的指出了晚清特別是民國時期蓬勃發展的出版業對現代文學的「現代性」、「大眾化」、「經典化」的重要性。在這些研究中，一個十分清楚但並沒有明確突出的方面是：民國出版業的民營性質，民間資本對於現代文學的風格和多樣化起到了至關重要的作用。

　　民國時期，扶持和發展民營資本也成為民國經濟政策十分重要的一個方面。特別是張謇在任農商總長期間（1913 年 10 月～1915 年 9 月），將「民辦」企業的發展和獎勵補助視為他任期的一件大事。在就任農林工商總長時發表實業政策文告（1913 年 10 月 24 日）中，屢次強調「導民興業之心」和「民業之方針，則當此各業幼稚之時，捨助長外，別無他策」的「獎勵補助」之意。〔註 1〕並在隨後頒佈的多個相關法案中，提出了獎勵和補助「民間集股結合公司」的各種辦法和制度。比如在《與財政部會擬保息條例給大總統呈文》、《向國務會議提議保息法案》和《向國務院提議獎勵工商業法案》中提出了「保息」和「末減之法」。〔註 2〕這些政策和制度，不但扶持起一些民間大資

〔註 1〕　張謇：《就任農林工商總長時發表實業政策文告～向部員宣佈農林工商政策的通告》，《張謇農商總長任期經濟資料選編》，南京大學出版社，1987 年版，第 8～9 頁。

〔註 2〕　張謇：《就任農林工商總長時發表實業政策文告～向部員宣佈農林工商政策的通告》，《張謇農商總長任期經濟資料選編》，南京大學出版社，1987 年版，第 16～18 頁。

本，也使得各種各樣的民間小資本受到保護，獲得了較大發展的空間。以後的繼任者也相繼出臺了發展民營資本的經濟政策。民國出版業正是在這樣的經濟體制和運作機制下，發展成為國民經濟的一個重要門類。出版界除了擁有大資本的幾個民間巨頭：商務印書館、中華書局、世界書局、大東書局，大多還是一些實力不夠雄厚的中小民間資本。據上海市檔案館的有關檔案記載，「1920～1935 年上海書業同業工會會員登錄的出版機構有 81 家，其中資本在 100 萬以上的有 2 家（商務印書館和中華書局），資本在 50～100 萬的有 1 家（世界書局），資本在 10～50 萬的有 6 家。」〔註3〕除去這 9 家大資本，剩下的 72 家都是資本在 10 萬以下的中小資本。大資本與現代文學一些重要社團的關係，已有充分的研究著述。但是，多數中小資本與現代文學的關係還有待進一步發掘。以創造社為例，與當時的文學研究會等社團背靠商務印書館這樣的出版巨頭不同，新文學運動中最大的文學社團之一的創造社，它的產生、發展先後所依仗的出版社泰東圖書局、光華書局、創造社出版部等，都是民間小資本。民間小資本的特性如何成就了創造社的「大創造」，其中是否包含了經濟與文學某種深刻的辯證關係？

　　本文擬以泰東圖書局鬆散的資本運營特點對於創造社文學活動的影響出發，分析創造社「異軍蒼頭突起」〔註4〕、「狂飆突進」等「文壇異端」的做派、文風和精神追求，與民國民間獨特的小資本運營的某種內在關聯，指出創造社文學活動既不能離開經濟資本的注入，但是經濟資本的數量、結構和運營模式由於不足以僭越文化資本，使得創造社可以自由的發揮「天才」的文藝的創造，從而成就了創造社的「異端」做派和文風，成為新文學史上一道耀眼奪目的光芒。其中內在的辯證關係是否反映出經濟資本與文學資本的某種辯證關係，也是值得探討的話題。

一

　　泰東圖書局與創造社的關係，已有郭沫若《創造十年》、《創造十年續編》、張靜廬《在出版界二十年》以及張資平、鄭伯奇、沈松泉《曙新期創造社》、

〔註3〕 王余光、吳永貴著：《中國出版通史　民國卷》，中國書籍出版社，2008 年版，第 25 頁。

〔註4〕 郭沫若《論郁達夫》，《中國文學史資料全編．創造社資料》，知識產權出版社，2010 年版，第 677 頁。

《憶創造社》、《二十年代的一面～郭沫若先生與前期創造社》、《泰東圖書局經理趙南公》等等的回憶文章提及或詳細描述，也有學者們相關的學術研究成果和史料貢獻，如劉納的《創造社與泰東書局》、陳福康《創造社元老與泰東圖書局～關於趙南公 1921 年日記的研究報告》、廖傳江的《資本與媒介的結合～創造社與泰東書局的關係論》等。這些回憶文章或研究成果對於創造社和泰東書局的關係進行了多層面的豐富解讀，道出了至少兩個基本事實，一是「泰東，是創造社的搖籃。」〔註5〕(5)二是泰東書局對創造社同人的經濟「剝削」。但是，很少有人注意到，泰東書局為什麼願意接受這群留日的「窮書生」，而這群窮書生為什麼願意忍受泰東老闆的剝削，且在聲名日盛之後，仍然願意留在泰東接受剝削達 3 年之久？這中間的契合點在哪裡？〔註6〕

首先分析泰東圖書局的經濟資本。與新文學出版的巨頭商務印書館、中華書局等相比，泰東最初只是一個名不見經傳的小書局。它從民國初期一個民間派別政學系的政治活動發展而來，後來股東全部到了北京做官，最後由經理趙南公獨自經營。獨自經營的小資本書局，資金基礎薄弱、發展資金跟不上，在民國眾多的民營出版社中是非常艱難的。雖然泰東書局在印發「禮拜六」作品和「洪憲演義」《新華春夢記》賺了一筆錢，但他並沒有沿著這條出版線路走下去，而是「決定放棄過去的一切，重建理想的新泰東。」〔註7〕理想的新泰東就是在新文學市場嶄露頭角。在改組出版社的過程中，不但要重新培植新的發行網路，還要接受舊的、熟悉的出版網路的「帳底」無法收回的經濟現實，這是十分冒險和「很艱難」的舉措。「例如編輯部要有一所較大的房屋，以容納各部編輯人員辦公；必須有相當的資金以支付編輯人員的薪金；以及為實現出版計劃需要的經費等等。趙南公心有餘而力不足，趙南公也很難從外界方面得到資助來予以實現。」〔註8〕但是，與股份制大資本出版社相比，獨資經營者擁有較大的自主權，完全可以按照自己的思路改革書局或者出版思路，不必受到股東大會、董事會的諸多約束。張靜廬用了一個詞「一手包辦」〔註9〕來表達這種自由。因此，趙南公放棄以前熟悉的出版門

〔註5〕 張靜廬：《在出版界二十年》，中華書局，1995 年版，100 頁。
〔註6〕 廖傳江的《資本與媒介的結合～創造社與泰東書局的關係論》提到了契合點在資本與媒介，但在此點上沒從經濟的角度詳盡分析。
〔註7〕 張靜廬：《在出版界二十年》，中華書局，1995 年版，第 92 頁。
〔註8〕 沈松泉：《泰東圖書局經理趙南公》，《出版史料》1989 年第 2 期，第 332 頁。
〔註9〕 張靜廬：《在出版界二十年》，中華書局，1995 年版，第 95 頁。

路，重新整合經濟資本的做法完全是根據他個人的敏感而定。與大中型資本相對追求穩步直上的運營方式相比，小資本的博弈重在冒險和「博一把」的勇氣，小資本方可以大冒險，因爲冒險的成本不會太高。從這個角度看，趙南公把資本押在初登新文壇的郭沫若、郁達夫等身上,可以說也是經濟資本「異軍突起」的一種投資運營方式。

在改組了經濟資本的流向後，趙南公並沒有建立起比較完備的經濟制度、會計制度以及由此延伸的正規的編審制度，他對於經濟資本的運營處於一種混沌的狀態。這種混沌的狀態表現在拖欠薪金、隨便支出、不規定工作時間、不講定版權，「一個月沒有一次整數發薪的事，總是陸陸續續在櫃上碰到有的時候隨便拿三元五元…既不講明一定的薪水，也不講明在所裏工作時間內所做的文章和所外所做的文章著作權屬於誰的敍雖是當時出版界還沒有抽版稅的先例，然而對於著作品的所有權當然應該劃分得清清楚楚。在那時書店的習慣法，凡是出了薪水的編輯員，在編輯所工作時間內所做出來的文章，其版權似乎都屬於書店的，一般的較大的書店也是如此。所外的屬於作家自有，仍可以另外作價賣給自己的書店出版。泰東根本沒有這一套，既不講定版權問題，又不規定每天的工作時間，很自由地跑進跑出，也有盡一二個月不必做一篇文章的。」〔註10〕按照這段文字描述，「自由」、「不定」的是這種經營狀態的核心。關於類似的經營狀態的描述還有趙南公自己的日記，他在日記裡多次提到今天支幾十番、明天幾十元送給郭沫若等，但都類似友情的自由支出而不是制度性的薪金報酬或者版稅。

僅舉幾例：

5月廿十日，星期。……二時，到編輯所，交沫若五十元。

5月廿五日，十時起。晴。到店閱報。二時，沫若來，言明日到東船票已購就。詢其用款幾何，據云四十元足矣，但言其夫〔人〕要一金琢（鐲）須購買。予允之，乃覓寄遂，據云明日款送來。

5月「廿六日，仍雨，手戰至八時半停止，精神疲頓至極，遂朦朧睡去。十二時醒，到店，閱報。二時，請沫若來談，據伊言，伊目的擬到京都、東京去走一趟，與同志一面趁暑假約定譯幾種好書，專譯述德文書，報酬辦法十分抽一，以售出書爲限，買稿暫不言及。予甚贊同，乃估計往來路費約百元左右，予允湊百廿番。四時同出，

〔註10〕張靜廬：《在出版界二十年》，中華書局，1995年版，第96頁。

購金手環一支，計五十二番。……〔註11〕

8月10日晚。七時，…適用吾來，同到同興樓，沫若已到。飯後到店，催沫若立函郁達夫，促其於八月終返滬，並請其書一函致其妻，另彙七十番。……復無爲一函，田漢款先彙卅元，稿速譯…〔註12〕

諸如此類的記錄日記中還有很多，都可以印證泰東書局經濟資本營運的隨意性和個人性。另據沈松泉回憶，「趙南公謀到一個北京農商部商標局駐滬辦事處處長的官職。這是一個因人而設的新機構，在組織上設兩個科長，第一科長由北京農商部派來，第二科長一職虛設，趙南公把這一虛設的第二科長的薪金留給了郁達夫。實質上也就是用商標局駐滬辦事處開支的經費來支付應當由書店付給郁達夫的工資或稿費。」〔註13〕創造社同人的對於這樣的資金運營和支付方式十分厭惡，「總覺得在討口一樣」〔註14〕，認爲趙南公是故意剝削他們。事實上，趙南公心裡再清楚不過，在日記裡他提到：

9月。十五日，陰雨。……沫若來，小坐，到碼頭詢問到日船明日何時，乃返。乃言在明日十時，實則十二時左右也。時雨復大。……

（夜）到編輯所，沫若已吃大醉，其言語之間似甚不滿於予者，予亦自覺對伊不起也，……〔註15〕

「對伊不起」，是否可以看出對於這樣的經濟方式，趙南公彷彿更多的是無奈？泰東書局當時的幾個工作人員認爲如此。既趙南公並不是有意剝削他們，只不過他是「馬虎不過的人」〔註16〕，且當時的經濟資本十分孱弱，沒有能力支付相當的稿酬等。「出版沒有計劃，營業收入沒有一定的把握，沒有健全的會計制度和人事制度。他自己又染有吸大煙的嗜好，書店的經營委之於一位舊書店出身的黃長源，這位黃經理只知道新書出版後放帳郵寄給各地有聯繫的書店代銷，直等到三節（端午、中秋、年底）各地書店才把代銷的書款或多或少地彙來。在這種情況下，書店對日常的營業收入毫無把握，只

〔註11〕陳福康：《創造社元老與泰東圖書局——關於趙南公1921年日記的研究報告，《中華文學史料》1997 第34頁。

〔註12〕陳福康：《創造社元老與泰東圖書局——關於趙南公1921年日記的研究報告，《中華文學史料》1997 第45～46頁。

〔註13〕沈松泉：《泰東圖書局經理趙南公》，《出版史料》1989年第2期第333頁。

〔註14〕郭沫若：《創造十年》，《郭沫若全集》，人民出版社1992年版。

〔註15〕陳福康：《創造社元老與泰東圖書局——關於趙南公1921年日記的研究報告，《中華文學史料》1997 第48頁。

〔註16〕沈松泉：《泰東圖書局經理趙南公》，《出版史料》1989年第2期第333頁。

靠上海的門市收入來支付各種開支。」〔註17〕沈松泉認為,「張靜廬先生在〈在
出版界二十年〉中說了一句客觀的實在話,他說泰東圖書局的營業由於放賬
(即賒欠給外埠書店造成一筆賬底)不能及時收回書款,因而書店現金常常
拮据,不能應付裕如。這當然也是一種實際情況,究竟泰東並不是一家資金
雄厚的書店,也沒有足夠的經濟後盾,加以趙南公又抽大煙,並熱衷於搞各
馬路商界聯合會的活動,不能以全部精力來處理店務,捉襟見肘,顧此失彼
的情況,是必然的結果。」〔註18〕顯然,兩位當時的書局重要工作人員在泰
東孱弱的經濟資本方面是有共識的。

　　那麼,創造社同人既然十分不滿趙南公的經濟「剝削」,但為何當時卻止口
不提,而且願意繼續與泰東合作下去呢?張靜廬曾提到這個問題,他說:「為了
這(指趙南公十分隨意自由的經濟方式),從創造社出版部成立後,重新拂印「少
年維特之煩惱」,出版時有1篇郭先生的增訂本序,中間罵得趙南公啼笑不得,
這在我們當日同在一處工作的人看來,未免覺得是非不明——因為這是屬兩方
面的事:一方固然囿於習慣,太馬虎了,但是另一方面為什麼當時也不認認真
真地劃分一下豈不比後來爭論強得多麼」〔註19〕作為當時見證的出版人,張靜
廬分明指出了創造社同人當時也並未認真與趙南公商量劃分稿酬、版稅和薪金
的方式,趙南公日記裡也很少提到創造社同人與他商討經濟方面的問題。一部
分原因誠然如他們自己所言的面子「潔癖」問題,但深層次來說,經濟資本不
足,資金運營方式自由隨意、沒有系統和制度性,資本控制的力量就孱弱。是
否泰東資本力量的孱弱使得它在創造社文學資本面前處於弱勢,沒有切實的支
配權入侵他們的文學創作,使得他們獲得了更多創造和出版的自由呢?事實
上,的確存在這樣的因素才使得創造社幾位老甘願受此「剝削」。

二

　　從初期創造社同人的角度來看,他們要想在文壇闖出一條路來,具備的各
方面資本也是比較薄弱的。首先看文學資本,「這個團體的初期的主要分子如
郭、郁、成、張對於《新青年》時代的文學革命運動都不曾直接參加,和那時

〔註17〕張靜廬:《在出版界二十年》,中華書局,1995年版,第95頁。
〔註18〕沈松泉:《泰東圖書局經理趙南公》,《出版史料》1989年第2期第334頁。
〔註19〕張靜廬:《在出版界二十年》,中華書局,1995年版,第96頁。

代的一批啓蒙家如陳、胡、劉、錢、周，都沒有師生或朋友的關係。」〔註 20〕
長期在日本留學，對於國內文壇的交遊較少。雖然郭沫若在國內的一些報紙副
刊上陸續發表了一些作品，有了一些名氣，但與魯迅、胡適、沈雁冰等當時的
文壇大將相比還是剛起步。郁達夫、張資平等都是剛剛在新文壇露面，郁達夫
的小說處女作《銀灰色的死》被《學燈》壓了三個月不見發表，連回信都沒有。
成仿吾更是在《創造》季刊出版前從未發表過文章。其次看經濟資本。初期創
造社的同人都是留日的窮學生，不似留美的胡適、徐志摩等有大家族的依靠。
他們靠官費度日，有的還要養活家人。據郁達夫回憶，他們當時在日本開會，「官
費正在鬧荒的時候，所以我們窮也窮到了極點。那一天午後，我和資平，二人
合起來出了一塊錢買了一塊錢的橘子，打算開會的時候，大家吃的。」結果後
來田漢沒到，「我與資平，只好自認晦氣，白化了一塊錢。」〔註 21〕郭沫若也曾
因爲經濟的緊張，「弄得來把買來的參考書又拿去進當鋪」〔註 22〕，還得自己張
羅爲孩子接生洗澡，被田漢戲稱爲「往來有產婆」〔註 23〕。

　　儘管各方面資本不盡如人意，但是他們文學的衝動還是十分強烈的。同
時，經濟的壓力和時代帶給他們精神的苦悶可能更加刺激了創造的衝動。文
學的衝動和文學道路的艱難、內心的壓抑和「天才」的要求，此間痛苦的張
力需要肆意的發泄和大膽的創造。從 1918 年策劃出版一種「純粹的文學雜誌」
開始，將近 3 年的時間，新文學的各大出版社沒有誰願意爲幾個留日的窮學
生出版他們自己的刊物。「像那時還未成型的創造社，要想出雜誌，在上海灘
是不可能的。……奔走了幾家。中華書局不肯印，亞東也不肯印；大約商務
也是不肯印的」。〔註 24〕而泰東書局趙南公因爲經濟資本的孱弱，不得不仰仗
郭沫若、郁達夫等的文學資本來拉動經濟。從趙的日記看，他不但義無反顧
地承擔了雜誌的出版發行，還對郭沫若等給予了最大限度的編審自由權。

　　　　7 月 4 日。「十二時始起，閱報。一時半，到編輯所，適王靖不在，
　　　　乃與沫若、靜廬商進行。予決定將雜誌一律停刊，專出單行本，審

〔註 20〕麥克昂：《文學革命之回顧》，《中國文學史資料全編～創造社資料（下）》第
　　　　551 頁，知識產權出版社 2010 年版。
〔註 21〕達夫：《創造社出版部的第一週年》，《中國文學史資料全編——創造社資料
　　　　（下）》547 頁，知識產權出版社 2010 年版。
〔註 22〕郭沫若：《創造十年》，香港彙文閣書店 1972 年版，第 54 頁。
〔註 23〕郭沫若：《創造十年》，香港彙文閣書店 1972 年版，第 82 頁。
〔註 24〕郭沫若：《學生時代》，《創造十年》92 頁，人民文學出版社 1979 年版。

> 定權歸沫若。並定將已出版各書一律由沫若審查一遍，如認爲有價
> 值者，一律改正定價，門售實價，否則仍舊。以後出書，以此爲準。
> 雜誌停刊，繼續《創造》。〔註25〕

> 7月28日晚六時，靜廬、王靖商予，編輯全部實際解散，名仍存，
> 另用一娘姨，其家眷仍不去，與予初意相反，議不成者。即商沫若
> 暫返福岡，一切審定權仍歸彼，月薪照舊，此間一人不留，否則寧
> 同歸於盡。……〔註26〕

這在當時的很多書局是不可能做到的。當時的幾個大書局，資本雄厚，雖然控股的都是私人資本，但股東和董事的身份複雜，整個運營機制裏有很多政治的、經濟的勢力角逐和滲透，對於刊物、書籍內容的審定是相對審慎和制度化的。換一個說法就是大資本的經濟勢力強大，足以滲透和支配文學創作的各個方面，作家，尤其是文學資本較少的作家，想按照自己內心的要求寫作和出版刊物很不容易。創造社同人初期文章風格的多樣和如狂風暴雨般宣泄被時代和文壇現狀壓抑的「內心的要求」〔註27〕「奮然打破社會因襲，主張藝術獨立」〔註28〕的激烈呼籲、痛斥「到清水糞坑裏去和蛆蟲爭食物去」〔註29〕的「新聞雜誌上的主持文藝的假批評家」的惡毒，這些被新文壇視爲「異端」的風貌能夠在新文壇集體亮相，發射出與眾不同的耀眼光芒，無疑與泰東書局老闆的支持有相當大的關聯。郭沫若自己也承認：「我們在創造社的刊物上也算說了不少的硬話，那些刊物你根本不要設想：能在商務出版！所以，在這些地方也應該感謝泰東。」〔註30〕

三

　　以上的梳理可以讓我們認清幾個事實：一、創造社初期的成型和發展離不開經濟資本的支持。試想，創造社的諸多刊物：《創造季刊》6期、《創造周

〔註25〕陳福康：《創造社元老與泰東圖書局——關於趙南公1921年日記的研究報告，《中華文學史料》1997第38頁。
〔註26〕陳福康：《創造社元老與泰東圖書局——關於趙南公1921年日記的研究報告，《中華文學史料》1997第42頁。
〔註27〕郭沫若：《編輯餘談》，《創造》季刊第一卷第二期1922.8.25。
〔註28〕郁達夫：《純文學季刊〈創造〉出版預告》，《時事新報》1921年9月29～30日。
〔註29〕郁達夫：《藝文私見》，《創造》季刊第一卷第一期1922.3.15。
〔註30〕郭沫若：《學生時代》，《創造十年》93頁，人民文學出版社1979年版。

報》共 52 號，如果沒有經濟資本的持續注入和運營，是無法形成創造社集體的亮相和持續衝擊力的。二、經濟資本的注入和運營沒有對創造社的文學創造形成有力的擠壓。泰東經濟資本的基礎薄弱，經濟資本的運營方式散淡，從而為創造社自由創造開創了空間。是否可以說，在當時的政治經濟和文學環境下，泰東書局小資本的運營需要大膽的「創造」才可能起死回生，創造社同人文學資本的運營同樣需要大膽的「創造」方能取得大收穫，兩者之間資本邏輯的遇合成就了小資本大「創造」。

布林迪厄認為，文學場內部的自主程度取決於它能在多大程度上抗拒外部政治、經濟等決定力量。如果以創造社這個小文學場來看，創造社同人最初的想法就是與當時流行的功利主義文藝決裂，創辦一份「純文學的雜誌」。他們所謂的功利主義的文藝，應該主要指鴛蝴派文學和文學研究會的文學。前者主要是經濟場折射到文學場的反映，追求文學的「市場化」效果；後者主要是當時政治場力量的角逐滲透進文學場的邏輯，形成了「為人生」的文學。與功利主義文藝決裂，主張「為藝術而藝術」的「純文學的雜誌」，是創造社同人基於對國內其時文學文藝的理解，渴望建設一個獨立自主的文學場的反映。而民國時期軍閥混戰的局面造成的行政空白和民國經濟政策對民間資本的鼓勵和扶持，形成比較寬鬆的外部政治環境；更重要的是泰東書局小資本的運營也沒有形成具有大資本一般的超強決定力和滲透力，趙南公幾乎從不干擾他們的創造，即使趙南公想要干擾創造社刊物的內容，他們也能在很大程度上抗拒這種干擾，因為趙南公並沒有給他們相當的版稅和酬勞。這樣的局面無形中促成了創造社相對獨立自由的小文學場的建設。這個相對獨立自主的小創造社文學場，的確也成功地製造了其時文壇的先鋒和異端，先鋒和異端雖然沒有為他們取得泰東書局更多的版稅和稿酬，但實際上他們收穫了先鋒和異端的「象徵利潤」。所以，他們在最初三年願意忍受泰東的經濟「剝削」，也不願意放棄難得的文學場建設的獨立自由。他們從文壇的「新手」到文壇的「猛將」再至文壇的「名門」，就是「象徵利潤」不斷兌現的結果。

在此層面上，我們是否可以說，泰東書局小資本的運營方式無意間暗合了經濟與文學的辯證關係。在探討經濟與文學的關係時，我們很容易滑入兩個誤區：一是經濟決定論的陷阱，二是文學創造的完全自律。經濟決定論的謬誤在於將複雜的精神創造等同於經濟欲望的滿足；而把文學創造與世隔絕，無視作家精神活動與現實經濟、政治壓力的關聯，都將無法深刻認識文

學作爲一種精神活動的主體性和現實經濟的相生互動。文學的諸多事實證明，經濟資本可以豐富文學的種類和內容，經濟資本的多少和如何運用卻關係到文學的創造力和革新精神。在作家的創造精神與經濟勢力之間，有一種非常複雜而微妙的張力，當經濟勢力的入侵過於強大時，容易造成作家經濟欲望的張揚和主體精神的萎縮，當前市場經濟條件下，商品邏輯對文學的滲透造成作家群體精神的委頓就是一個明例。反之，則作家的主體創造精神會經由經濟有限度地刺激得到釋放和充分地發揮。基於此,體察新文學初期的創造力和革新精神與當時相對寬鬆的民國政治、經濟政策的某種關係便有了具體的意義。

【作者簡介】

湯巧巧，西南民族大學文學與新聞學院講師，博士。

貳、《新青年》廣告傳播及其媒介價值

謝明香

摘　要

　　廣告是爲了某種特定需要，通過一定形式的媒體，廣泛而公開地向公眾傳遞信息的宣傳手段，其本質是傳播。而媒體無外乎是一手抓「影響力」的傳播，一手抓「廣告商」的投放。作爲現代傳播媒介史上的經典文本，《新青年》的廣告實踐及其，對中國五四時期的期刊有著重要價值意義。本文從傳播學的角度解讀《新青年》廣告傳播的情況及特點分析《新青年》廣告傳播的媒介價值意義。

關鍵字：《新青年》，廣告傳播，媒介價值

　　廣告是爲了某種特定需要，通過一定形式的媒體，廣泛而公開地向公眾傳遞信息的宣傳手段，其本質是傳播。而媒體無外乎是一手抓「影響力」的傳播，一手抓「廣告商」的投放。1915 年 9 月 15 日，《新青年》創刊。這本 16 開本、文字豎排的雜誌，彩色封面，內文黑白印刷，無封底。一翻開封面，背後就是群益書社的圖書廣告。內文中，同樣登載有大量的廣告。廣告成爲這本雜誌的重要內容之一。作爲現代傳播媒介史上的經典文本，《新青年》的廣告傳播及其實踐，對中國五四時期的期刊有著重要的意義。本文即從傳播學角度分析《新青年》廣告傳播及其媒介價值和意義。

一、《新青年》廣告傳播

　　《新青年》一創刊，就通過各種廣告促進傳播及銷售。縱覽《新青年》1～9 卷登載的各種廣告，主要包括圖書廣告、雜誌廣告、社團廣告及其他。圖書與雜誌廣告是《新青年》廣告的重要組成部分，這中既有自我宣傳廣告，也有商業廣告，更有交換廣告。

　　（一）圖書廣告《新青年》的圖書廣告主要包括群益自己出版的圖書廣告以及其他出版機構的圖書有償廣告或交換廣告。如《新青年》前期大多登載群益自己出版的教科書或參考書等，後期增加了亞東、中華、商務等出版社的圖書或叢書，《新青年》中廣告的各類圖書共計達 296 部。〔註1〕

　　這些圖書廣告，多以編譯日本教科書爲主，也有專門的中學師範女子教科書或女學用書；同時還有大量的英文工具書或英語教科書廣告以及一些中國傳統文化類圖書，涉及政治、經濟、法律、自然科學、文學等。後期新青年社成立後登載了不少關於馬克思主義思想類的圖書廣告。可見，《新青年》廣告的目標及宗旨是爲青年學生宣傳新思潮新文化、傳播民主與科學，從而更好地開啓民智。

　　（二）雜誌廣告《新青年》雜誌廣告包括自我宣傳廣告和其他雜誌廣告。

　　1、自我宣傳廣告。《新青年》自我宣傳廣告主要以「通告」、「宣言」、「啓事」、「再版」、「合卷本」、「社告」等方式來達到宣傳和推廣。

　　通告廣告。《新青年》第 3 卷第 1 號《通告》云：「本誌自出版以來，頗蒙國人稱許……自第二卷起，欲益加策勵，勉副讀者諸君屬望，因更名爲新

〔註1〕 李永中，空間轉換與民族國家話語──《新青年》上的廣告，文藝理論與批評，2008（4）

青年。且得當代名流之助，如溫宗堯、吳敬恒、張繼、馬君武、胡適、蘇曼殊諸君……嗣後內容，當較前尤有精彩。此不可獨本誌之私幸，亦讀者諸君文字之緣也。〔註2〕「完全是一篇《新青年》本身的自我宣傳和表揚稿，如：「本誌……頗蒙受國人稱許」，「自……更名為新青年」，「得當代……」等語彙更是一幅自我褒揚的宣言。

宣言廣告。《新青年》在第7卷第1號登載「本誌宣言」：「本誌具體的主張，從來未曾完全發表。……現當第七卷開始，敢將全體社員的公同意見，明白宣佈……我們雖不迷信政治萬能，但承認政治是一種重要的公共生活……這種政治，確是造成新時代一種必經的過程，發展新社會一種有用的工具……」〔註3〕宣言表明：《新青年》同人辦刊理念及編輯方針在調整與變化，由「不談政治」到充分明確地表白自己的政治主張，並通過「宣言」廣而告之。

啟事廣告。《新青年》第6卷第6號「本報啟事」：「凡與本報交換的月刊周刊等，請寄北京北池子箭竿胡同九號本報編輯部。各報與本報交換的廣告，請寄上海棋盤街群益書社本報發行部。敬求注意！」〔註4〕1920年9月1日《新青年》出版第8卷第1號，由於與群益在印刷樣式、成本方面的分歧，《新青年》由「上海新青年社印行」印刷出版，取代了原「上海群益書社印行」，同時發佈《本誌特別啟事》：「本誌自八卷一號起，由編輯部同人組織『新青年社』，直接辦理編輯、印刷、發行一切事務。凡關於投稿及交換告白雜誌等事，均請與上海法租界環龍路漁陽里二號新青年社編輯部接洽；凡關於發行事件，請與上海法大馬路大自鳴鐘對面新青年總發行所接洽。八卷一號以前的事，仍由群益書社負責。以後……概不加報價及郵費。特此預先聲明，以免誤會。」〔註5〕啟事既交待了《新青年》內部經營發展的一些調整變化情況，其實也是一個推銷的商業廣告；既反映了編者出版經營方向與思路，也體現出編者對市場及讀者的重視。

再版廣告。早在1919年5月《新青年》第6卷第5號上，《新青年》特別就再版登載「再版預約」廣告：「提倡新文學，鼓吹新思想，通前到後，一絲不懈，可算近來極有精彩的雜誌……是中國最有價值的出版物。於是買的一天多

〔註2〕　通告‧新青年第3卷第1號

〔註3〕　本志宣言，新青年第7卷第1號。

〔註4〕　本報啟事，新青年第6卷第6號。

〔註5〕　新青年第8卷第1號。

一天……」〔註6〕說明《新青年》蒸蒸日上，得到了讀者的廣泛認同與接受。12月，《新青年》第7卷第1號上，《新青年》1～5卷正式再版，又一次對《新青年》大加讚賞：「這《新青年》，彷彿可以算得『中國近五年的思想變遷史』了。不獨社員的思想變遷在這裡面表現，就是外邊的人的思想變遷也有一大部分在這裡面表現。」〔註7〕特別讚賞並強調《新青年》宣傳新思潮、新文化的啓蒙之功。第7卷每一號還登載廣告，「勸未讀者去讀，已讀者重讀」，「現在和將來都值得看」，「平裝價銀五元，精裝價銀六元五角，郵費另付」，「五卷合賣，不能選擇」。〔註8〕從內容到價格，從裝訂形式到銷售策略等全方位推銷再版《新青年》。這些廣告，形象而有力地塑造了雜誌自我形象。

社告廣告。《新青年》中的「社告」，不但是宗旨，也是更爲市場化的廣而告之。如「本誌以平易之文，說高尚之理」的自我定位以及「本誌執筆諸君，皆一時名彥」的自我表揚，眞正將啓蒙的效果貫徹到了商業運作中。

2、其他雜誌廣告。早期的《新青年》，主要以書刊廣告爲主，到了5卷5號以後，書刊廣告由大幅減少，而雜誌廣告逐漸增多。至第7卷第2號後，雜誌廣告成爲廣告的主流。這些廣告，非常注重自我宣傳與推銷，廣告策劃很到位，廣告語也很有吸引力，既增強了其市場號召力，又擴大了《新青年》的社會影響力，並最終達到了促銷的目的。

《新青年》後期，在《新青年》的影響下，很多報刊紛紛創刊。由於《新青年》的巨大影響力，這些報刊雜誌創辦前的創刊號廣告，幾乎都要在《新青年》上登載創刊號廣告。據統計，除《科學》、《東方雜誌》等雜誌創刊早於《新青年》而沒有在《新青年》雜誌上廣告外，其餘有一百多種報刊雜誌都被廣告過。〔註9〕很多曾和《新青年》因觀點不同展開論爭的雜誌都在《新青年》上作廣告，並最終共同成爲宣傳新文化傳播新思想的刊物。

（三）交換廣告「交換廣告」指各類報刊之間相互利用對方媒體平臺宣傳自己的廣告。《新青年》上除群益自我宣傳廣告，還有很多「交換廣告」。如前期一些圖書廣告，後期很多雜誌廣告等。如《新青年》第5卷第6號登載了這樣一個廣告：「一、北京大學之『新潮』二、看『新青年』的，不可不

〔註6〕 《新青年》自一至五卷再版預約，新青年第6卷第5號。
〔註7〕 《新青年》第一、二、三、四、五卷合裝本全五冊再版。新青年第7卷第1號。
〔註8〕 新青年第7卷第1號。
〔註9〕 新青年第7卷2～3號。

看『每周評論』……三、國民公報廣告：本報刊發已屆十年。現在力圖順應
世界潮流，將內容大加改良。採訪中外新聞，務極靈確。主張正義，以期促
政治之改進，某思想之革新。……特此通告。」〔註10〕既宣傳了《新潮》，還
廣告了《每周評論》、《國民公報》。這種相互間的廣告互動效應，非常有利於
雜誌影響力的擴大，因為增加一份交換廣告，就增加一個宣傳渠道。通過這
些交換廣告，拓寬了雜誌間各自的宣傳渠道，擴大了各自的影響力。

　　再如第6卷第1號《新青年》登載的《新潮》雜誌廣告，第7卷第3號
《新刊一覽》刊登的33家新創刊刊物的廣告，都是典型的交換廣告〔註11〕。
這些交換廣告，對雙方雜誌的宣傳和影響力的擴大起著重要的作用。

　　隨著《新青年》的影響越來越大，要求交換廣告的越來越多。《新青年》
對交換廣告的要求也越來越嚴格，對刊登的雜誌也有所選擇，並有規範要求。
第7卷第1號《新青年》特別發佈「交換廣告的請注意」的消息：「現在雜誌
種類既多，交換廣告的事，很繁重了。廣告原稿款式不合的，須要代為排列，
排列功夫過大，與印出日期，很有妨礙。以後……交換廣告，也請寄本誌發
行所。」並用加黑加大的醒目字體、大版面發佈。這說明《新青年》社會影
響力和市場號召力正不斷增強。

　　（四）有償廣告　《新青年》上還有一類廣告——有償廣告。在雜誌經營
中，廣告是雜誌第二生命線，無不引起經營者的重視。《新青年》從雜誌創刊
的第1卷第1號開始，每一期雜誌版權頁都有這樣的文字：「廣告價目，另有
詳章，如蒙惠顧，即行奉告。」〔註12〕《新青年》的廣告主要以書刊廣告為
主，另外也有一些眼鏡與醫藥類的有償廣告。不管是圖書廣告，還是雜誌廣
告，或是其他商業廣告，出版商或運營商都是希望利用《新青年》的影響力，
擴大宣傳，從而更好地維持經營。這類廣告雖然沒有太多具體運作詳情，但
對《新青年》的獨立經營起著非常重要的作用。

　　（五）社團廣告　《新青年》上各種各樣的社團、學會，包括研究會等，
這些社團學會經常組織各類活動，常在《新青年》上登載很多「簡章」、「宣
言」、「啟事」、「紀略」等章程性的廣告。這類廣告，大多的是反映社會底層
民眾的思想信息。從另一個角度而言，體現了《新青年》對底層大眾及弱勢

〔註10〕新青年第5卷第6號
〔註11〕新刊一覽，新青年第7卷第3號
〔註12〕新青年（1～9卷）

群體關注的人本意識，是其社會責任感的顯現。

二、《新青年》廣告傳播的特點

從《新青年》上登載的各類廣告並結合廣告傳達的內容，我們可以發現其廣告傳播的特點：

（一）廣告傳播形式豐富多樣 從前面的介紹中可以看到，《新青年》的廣告，從媒體形式看，有圖書廣告、雜誌廣告、社團廣告及其他信息等。而從商業角度分，《新青年》廣告又分自我宣傳廣告、有償廣告、交換廣告等等。在自我宣傳廣告中，還有如「通告」、「宣言」、「啓事」、「再版」、「合卷本」、「社告」大量不同形式的宣傳與推廣廣告。可以看出，《新青年》經營者對廣告策劃經營的重視與用心。

（二）廣告傳播內容涉及面廣，涵蓋各類學科 《新青年》的廣告，雖然大多是文化類的廣告，但其廣告傳播的內容涉及廣泛，包括政治、經濟、文化、法律、文學等多個學科及領域，特別是圖書廣告中大量的編譯教科書、英文類原版教材、工具書廣告等。可見經營者的獨到眼光與開闊視野，同時也可以感受到中國對外開放的程度。

（三）廣告定位契合刊物宗旨理念 結合《新青年》的各類廣告及其發佈的廣告內容，我們可以發現，《新青年》的廣告定位是瞄準青年學生，面向廣大青年受眾，這與《新青年》創刊宗旨與定位完全契合。

（四）具有濃厚的文化氣息，呈現精英化傾向 《新青年》中廣告宣傳具有學科的廣泛性和內容的廣博性、科學性、學理性、開放性，學術與學理性強，呈現出當時其他刊物難以擁有的爲知識份子所青睞的精英傾向。尤其是在學習西方，注重翻譯，倡導科學，啓發民智等方面，廣告傳播涉及面極廣，視野開闊，且呈現出濃厚的文化氣息。

三、《新青年》廣告傳播的文化意蘊

一般說來，廣告的目的是爲了促銷，且大都具有強烈的市場營銷意識和商業氣息。但從文化研究的角度看，廣告有宣傳的作用，更有製造文化影響力的威力。廣告通過文字、影像、符號等，除了表明廣告主體如何傳達以及傳達什麼信息外，還可從中窺探信源（即刊登廣告者）的意圖及文化特點，包括推銷重點、銷售對象、產品特質及市場定位、品牌形象塑造等。對出版

行業而言，廣告是出版社製造文化影響力的一種手段和策略，出版商如何將出版物的內容和影響力，透過文字、圖象和符號推廣，達到預期目的。正因為如此，不能忽略書籍廣告在文化傳播與塑造過程中產生的作用。而雜誌是宣傳出版物宣傳的最便捷的途徑。書籍廣告具有導引性和強化訊息，以及製造文化影響力的作用。它們這些廣告對雜誌本身的品牌和形象有很好的宣傳作用，同時更擴大雜誌本身的文化影響力。從前面介紹的各種廣告及其特點的分析中，可以感受到《新青年》的廣告孕育著豐富的文化內涵。

　　《新青年》的廣告，主要以書刊廣告為主，即或是商業類廣告，也是與文化相關。如《新青年》第 7 卷上的各類報刊廣告，有新創刊的雜誌廣告，或一些學報或專業雜誌廣告，還有一些基層或中小學報刊廣告等，這些廣告大多是報刊之間相互交換的性質，都與文化相關，完全沒有商業氣息。《新青年》曾針對晚期民初報刊雜誌的低俗品味及商業氣息過濃的問題提出了嚴厲批評：「惟報社對於特別有害於社會底告白，也應該加以裁制。……本誌前幾號因經濟的關係登出該公司底告白，……以後凡屬用新名詞來做贏利的廣告，一概謝絕。」〔註 13〕這裡既坦誠地道出《新青年》創辦初期經濟上的窘況，迫於無奈的別無選擇，也表明《新青年》始終保持著一份警惕，對廣告要有選擇，作為一種介於商業生產和純文化生產之間的生產方式，雜誌不能違背辦刊方針。由此可以看出《新青年》廣告在追求文化氣息及文化品味方面是非常講究的。

　　隨著《新青年》的影響逐漸擴大，廣告數量也不斷增加。為了有效地控制廣告的數量及質量，《新青年》開始刊發有償廣告。但從《新青年》廣告刊載的內容看，即使是有償廣告，也大多局限在書刊及少量的與商業經濟文化等密切相關如銀行、通訊社、印刷所、文具，也有個別香煙廣告等。

　　看報刊上的廣告，就可以推見刊物的性質和作者、讀者的品味。從《新青年》廣告文本的運用及廣告背後的種種文化信息可以看到，《新青年》不少廣告卻充滿了文化韻味，體現的書刊廣告的另一種特點。特別地，我們從《新青年》各種不同廣告中，可以感受到《新青年》通過廣告向讀者傳達出不同的形象。如在通告、啟事、特刊或專號等廣告中，可以感受到《新青年》的辦刊方針及編輯宗旨等演變，以及《新青年》如何從民營自主經營方式轉嚮學院體制再轉向機關刊物，由此而呈現出多種不同的言說方式。這些廣告宣

〔註 13〕編輯室雜記，新青年第 8 卷第 4 號。

傳，與《新青年》裏一篇篇文章，共同塑造了的編者作者以及讀者，構築《新青年》的「想像共同體」。正如一位學者所言，廣告成爲「《新青年》呈現自我形象的一種手段，在公共輿論的興起、民族國家的建構中發揮了重要的作用。」〔註14〕

四、《新青年》廣告傳播的媒介價值及意義

作爲一種傳播方式，廣告的作用與價值體現在——引起讀者關注，搭建一個互動交流平臺。《新青年》上刊載的大量廣告作爲一個重要的傳播平臺，對建構《新青年》的品牌形象、塑造品牌價值和提高媒介核心競爭力有著重要作用與價值。《新青年》廣告在中國新文學發生期的傳播實踐中具有重要意義。

（一）媒介傳播價值 馬歇爾‧麥克盧漢說：「媒介即訊息。」廣告既是一種促銷手段，又是一種特殊媒介。作爲傳播信息的軌道，媒介使廣告傳播的價值從交換價值轉換到公共傳播的價值。《新青年》上的廣告內容，涉及涵蓋學科廣泛，特別是在傳播科學與民主思想，倡導新思潮新文化方面具有重要的傳播價值及意義。正如一位學者所言，《新青年》「廣告在輸入新思潮與提倡新文學以及宣傳人權、民主和科學等方面所做的輿論引導與廣泛傳播，滿足受眾的『求新』期待，不斷地生發和輻散其文化信息資源的多元價值，使《新青年》與其他雜誌共具精英性、學理性、批判性和大眾性特徵，促進文學革命和新文化運動的整合與影響，使刊物及新型知識精英隊伍具有社會公信力與人文關懷的品格，擴展刊物的傳播範圍和媒介影響力，充分發揮了廣告的傳媒作用。」〔註15〕

（二）媒介營銷價值傳播即營銷。《新青年》廣告，既是一個非常重要的傳播平臺，同時更是一個重要的營銷方式。《新青年》廣告從形式到內容，都與雜誌的編輯宗旨與讀者定位保持高度一致，通過精準的讀者定位，發佈具有豐富文化內涵的文化廣告，「使刊物成爲公共領域中爲受眾廣泛接受且具有巨大參與意義和啓蒙特質的公共資源」〔註16〕。針對明確讀者對象發佈廣告，

〔註14〕李永中，空間轉換與民族國家話語——《新青年》上的廣告，文藝理論與批評，2008（4）。
〔註15〕趙亞宏，論《新青年》廣告的媒介價值，文學評論，2010（4）。
〔註16〕趙亞宏，論《新青年》廣告的媒介價值，文學評論，2010（4）。

並重要目的就是通過這些廣告，《新青年》影響力得到空前擴大，市場效應也很快顯現。〔註17〕

（三）媒介輿論價值 媒介是信息傳播的主體，受眾是媒介效果的評價主體，而傳播的最終目標為了影響受眾，《新青年》上的廣告，與《新青年》上的文章內容一樣，在輸入新思潮，提倡新文學以及宣傳人權、民主和科學等方面所做的輿論引導與廣泛傳播，通過灌輸、導向、塑造、激勵，在形成和引導社會輿論、建構《新青年》媒介形象方面起著重要的作用。〔註18〕

（四）媒介品牌價值《新青年》廣告傳播的內容與定位與《新青年》雜誌本身的定位及宗旨一致，廣告傳播語境與廣告內容一致，所以廣告的傳播與雜誌的宣傳形成很好的互動，信息進行有效傳播，受眾越多，關注度就越高，雜誌關注群、知名度就越大。傳播渠道和媒介組合，既擴展刊物的傳播範圍，又增強了媒體的影響力，《新青年》的品牌價值也得到了有力的傳播。

《新青年》雜誌正是通過對廣告的精心策劃、組織及管理，促進了經營，擴大了雜誌的影響力，擴大與提升了雜誌的影響力與公信力，並最終轉化為生產力，形成輿論與市場的雙重喝彩。《新青年》的廣告傳播在中國新文化發展進程中具有重要媒介價值及意義。

【作者簡介】

謝明香（1968～），女，四川成都人，成都信息工程學院文化藝術學院教授，博士，主要從事中國現當代文學研究。

〔註17〕謝明香、王華光，《新青年》的廣告運營及策略定位——從《新青年》廣告運營看群益書社的經營之道‧編輯之友，2010（11）。
〔註18〕謝明香，從《新青年》的整體裝幀看其文化意蘊及追求‧當代文壇，2009（6）

參、早期《小說月報》影響力中的經濟因素

李直飛

摘　要

　　本文從影響《小說月報》創刊、發行及讀者的各種相關的經濟因素來分析前期《小說月報》影響力的形成，從中窺見一份雜誌是如何受到社會各方面影響而成長壯大的。

關鍵字：《小說月報》，影響力，經濟

　　前文說到《小說月報》在 1913 年左右形成了一個廣泛的讀者群，這一個巨大的讀者群覆蓋了從中小學少年、識字的婦女、關心時局者及其各類專業學者，從一般的居民到懂英語的知識份子都有，這是一個跨度很大的群體，這一分析表明了《小說月報》在當時一個強大的影響力，這一點在當時人的回憶中有了直接的證明：

　　一時作家，如琴南、指嚴、瘦鵑、瞻廬、卓呆、枕亞、膝安、仲可、詩廬、洪深、宣樊等，珠玉紛投，在當時為雜誌界的權威者。〔註1〕

　　從前文對《小說月報》讀者群的分析和當時人的證明來看，《小說月報》在當時確有很強的號召力。一份雜誌的影響力的形成應該是由多種因素構成的，既有雜誌本身的原因，也有外部社會的原因。具體對《小說月報》而言，如同前文所說的那樣，它之所以能夠吸引一大群讀者群，主要在於它所持有的文學觀念與社會群體所持有的社會觀念是暗合的，它所刊載的作品符合當時人們的欣賞習慣，除了本身的原因之外，《小說月報》形成強大的影響力還有著其他社會外部的原因，特別是經濟因素，本文重點考察在形成《小說月報》諸多的因素中，經濟因素從哪些方面，多大程度上影響到了《小說月報》影響力的形成。

　　在考查早期《小說月報》的影響力的時候，有必要理清《小說月報》創刊時的情況。《小說月報》創刊時，正值商務印書館事業蒸蒸日上的時候。從資本上看，商務印書館最初的資本為「三千七百五十元大洋，包括大股東天主教徒沈伯芬（電報總局人員）投資兩股共一千元，張蟾芬（電報總局學堂電報兼英文教席）投資半股二百五十元，鮑咸恩一股五百元，夏瑞芳一股五百元，鮑咸昌一股五百元，徐桂生一股五百元，高翰卿半股二百五十元，郁厚坤半股二百五十元」〔註2〕，「資金湊齊後，開始購買機器。當時只買了三號搖架三部，腳踏架三部，自來墨手板架三部、手撳架一部和一些中英文字器具等，錢都花光了」〔註3〕，「夏瑞芳是一個能幹的企業家。商務印書館開辦後，他廣泛聯絡，招攬生意，熱情接待顧客，營業額逐年上陞。他又精打細算，管理得法，盈利成倍增長。如以 1897 年該館資本額 4000 元為基數，

〔註1〕秋翁：《三十年前之期刊》，載《萬象》，1944 年第 3 期。

〔註2〕　王學哲、方鵬程：《商務印書館百年經營史》，華中師範大學出版社 2010 年 6 月版，第 9 頁。

〔註3〕　同上

到 1901 年變成 5 萬元，增長 11.5 倍；1903 年爲 20 萬元，增長 49 倍；1905 年爲 100 萬元，增長 249 倍；1913 年爲 150 萬元，增長 374 倍；1914 年爲 200 萬元，增長 499 倍。十七年功夫，資本額平均每年增長二十九倍多。這樣的高速度發展，實屬罕見，因此被認爲其歷年進展之速，爲國人經營事業中之最尖端者。」〔註4〕

在商務印書館的這種驚人發展中，其社會影響力、社會知名度也在不斷的擴大。商務印書館成立的第二年（1898 年），編印了《華英初階》，初版印了二千本，夏瑞芳親自向各學校推銷，上市二十天，全部賣光。這本書到 1917 年十年間，已經印了六十三版。江南商務總局還特地在 1899 年 11 月通令，禁止坊間翻印商務印書館編輯出版的書，顯然商務印書館出版的書，已經受到市場上的注意並被翻印。〔註5〕1902 年張元濟加入商務印書館，創辦編譯所，邀請了許多學者專家前來助陣，爲商務印書館編印了許多教科書、參考書、工具書、翻譯書，使商務印書館成爲當時全中國最大、最有影響力的出版社。學者名流紛紛加入編譯所，到 1910 年《小說月報》創刊時，陸續加入編譯所工作的有：〔註6〕

1902 年蔡元培擔任編譯所所長，到次年 6 月，因「蘇報案」離職，前往
　　　青島，張元濟親自接任編譯所所長；

1902 年高鳳岐進館；

1903 年進館的有：高鳳謙、蔣維喬、莊俞；

1904 年進館的有：杜亞泉、郁厚培；

1905 年進館的有：陸爾奎；

1906 年蔡元培應聘爲商務印書館編譯書籍；

1908 年進館的有：酈富灼、孟森、陸費逵（後來另辦中華書局）；

1909 年進館的有：孫毓修、傅運森；

1910 年方毅進館。

參加當年商務印編譯所的人，大多是著名而有成就、有貢獻的學者。使得商

〔註4〕賈平安：《記商務印書館創始人夏瑞芳》，《1897～1992 商務印書館九十五年——我和商務印書館》，商務印書館出版，1992 年 1 月版，第 543～544 頁。

〔註5〕王學哲、方鵬程：《商務印書館百年經營史》，華中師範大學出版社 2010 年 6 月版，第 10 頁。

〔註6〕參加王學哲、方鵬程：《商務印書館百年經營史》，華中師範大學出版社 2010 年 6 月版，第 21～22 頁。

務印書館編譯所成爲學者貢獻力量的地方。比如張元濟編《百衲本二十四史》至今來看仍是一項了不起的文化成就；杜亞泉是中國科學界的先驅，編著過《動物學大辭典》、《植物學大辭典》等巨著；孫毓修是中國童話的創始人，同時又是一位版本目錄學家，是版本目錄學家繆荃孫大師的弟子。商務印書館得有這些人物加入，其在學界的權威性及影響力自是非同一般。

同時商務印書館還廣出雜誌，在《小說月報》創刊時，出版的雜誌包括：

1902 年張元濟與蔡元培籌劃出版《開先報》，後來改名爲《外交報》，商務印書館代印，共出版三百期，第二十九期以後由商務印書館發行；

1903 年創辦李元伯主編的半月刊《繡像小說》；

1904 年創刊杜亞泉等主編的《東方雜誌》，到 1948 年才停刊，是中國雜誌史上重要的一頁；

1909 年《教育雜誌》創刊；

1910 年《圖書彙報》創刊。

商務印書館發行的這些雜誌，銷量均不錯，受到社會的普遍歡迎，《東方雜誌》的銷量曾經達到一萬五千份，爲當時雜誌銷售之冠。〔註7〕這些雜誌的創辦與良好的銷量，無疑將商務印書館的社會影響力大大提高，爲商務印書館贏得了良好的社會聲望，爲《小說月報》的創刊奠定了極爲良好的社會基礎。

而《繡像小說》，讓商務印嘗到了通過小說來獲取利潤的甜頭，由於主編李伯元的逝去，《繡像小說》半途停刊。而在這期間，商務印書館漸漸形成了兩方面的角色，一種是作爲出版企業追逐商業利潤的角色，一種是作爲文化傳播者的角色。這樣的角色扮演，使得商務印書館在《繡像小說》停刊後，希望創辦另外一種雜誌來延續《繡像小說》的光輝，《小說月報》正是在商務印書館的這種理想中創刊的。正如謝曉霞所說的：「1910 年陰曆 7 月創刊的大型小說雜誌──《小說月報》，它更是商務出於商業利潤和文化追求雙重考慮而創辦雜誌的一個典型的範例。」〔註8〕

在這樣一種期待中誕生的《小說月報》，不難想像商務印書館最初對它的渴望。而在《小說月報》創刊之時，商務印書館經過之前的努力，已經具備了雄厚的資產和相當的知名度，在這樣一種良好的情況下，商務印書館對新

〔註7〕 李歐梵：《上海摩登》，毛尖譯，牛津大學出版社 2000 年版，第 48 頁。

〔註8〕 謝曉霞：《商業與文化的同構──〈小說月報〉創刊的前前後後》，《中國現代文學研究叢刊》2002 年第 4 期。

創刊的《小說月報》給予的支持應該是足夠的，使得《小說月報》創刊時不用擔心拉不到廣告而面臨資金困難，避免了像許多雜誌那樣一創刊就面臨著停刊的危險。同時，商務印書館雄厚的資金支持還讓《小說月報》從一開始就能重金聘請到名家，《小說月報》的作者，正如它自己所說的那樣：

> 本報各種小說，皆敦請名士，分門擔任。材料豐富，趣味釀深。其體裁則長篇短篇，文言白話，著作翻譯，無美不收。其內容則偵探言情，政治歷史，科學社會，各種皆備。末更附以譯叢、雜纂、筆記、文苑、新智識、傳奇、改良新劇諸門類，廣說部之範圍，助報餘之採擷。每期限於篇幅，雖不能一一登載，至少必在八種以上。〔註9〕

很難想像，沒有商務印書館的全力支持，《小說月報》能從一開始聘請到當時的著名作家。何況，憑藉著創刊時商務印書館的聲望，人們對商務印書館旗下的雜誌原本就有一份期待，可以說《小說月報》還沒有開始創刊，人們對其就充滿的想像。商務印書館一定的社會知名度、雄厚的資金支持、著名作家的加入，讓《小說月報》從創刊開始就具備了一定的影響力。

商務印書館雄厚的資金，不僅為《小說月報》的創刊提供的強大的支持，也為《小說月報》的發行奠定了良好的基礎。從商務印書館的發展來看，隨著其資本越來越雄厚，其發行的網店、分館也越來越多：

1897 年商務印書館創館於上海寶山路；

1903 年設漢口分館；

1905 年設北京分館；

1906 年設瀋陽、福州、開封、潮州、重慶、安慶等分館；

1907 年設廣州、長沙、成都、濟南、太原等分館；

1909 年設杭州、蕪湖、南昌、黑龍江等分館；

1910 年設西安分館。

這些分館的建立，擴大了商務印書館的經營範圍，也為創刊後的《小說月報》良好的發行途徑給予了充分保障。

在每一期的《小說月報》封底上，幾乎都有著這樣的說明：

THE SHORT STORY MAGAZINE

（Issued Monthly）

〔註9〕《小說月報》第一期：編輯大意。

不許轉載

宣統三年正／八月二十五日三／出版

編輯者：無錫王蘊章

發行者：小說月報社

印刷所：上海北河南路北首寶山路商務印書館

總發行所：上海四馬路中市商務印書館、京師、奉天、龍江、天津、濟南、開封、太原、西安、成都、重慶

分售處：商務印書分館、瀘州、長沙、常德、漢口、南昌、蕪湖、杭州、福州、廣州、潮州

廣告					郵費			定價		項目	定價表費須先惠逢閏照加
普通		上等	特等	等第	外國	日本	本國	郵政票以一二分及一角者為限	現款及兌票		
半面	一面	一面	一面	地位							
七元	十二元	二十元	三十元	一期	六分	三分	三分	一角六分	一角五分	一冊	
三十五元	六十元	一百元	一百五十元	半年	三角六分	一角八分	一角八分	八角四分	八角	半年六冊	
六十元	一百元	一百六十元	二百五十元	全年	七角二分	三角六分	三角六分	一元五角七分	一元五角	全年十二冊	

　　除了日期和編輯者有變動之外，其餘的幾乎相同。從上面的說明我們不難看出：《小說月報》的總發行處有 11 處，分售處有 10 處，這些總發行所和分售處北到奉天，南至廣東，東至上海，西至成都，這些地方覆蓋了當時交通便利的絕大部分中國地區，加上還在日本及其外國發行，《小說月報》的發行地域是相當寬廣的。到了 1917 年左右，《小說月報》發行的地域更有所擴大，在八卷九號封底裡面所刊登出來的發行點有：

　　總發行所：上海棋盤街中市商務印書館、北京、天津、保定、奉天、吉林、長春、龍江、濟南、東昌、太原、開封、洛陽、西安、南京、杭州、蘭溪、吳興、安慶、蕪湖、南昌、袁州、九江、漢口、武昌

　　分售處：商務印書館分館：長沙、寶慶、常德、衡州、成都、重慶、福州、廈門、廣州、潮州、韶州、汕頭、澳門、香港、桂林、梧州、雲南、貴陽、石家莊、哈爾濱、新嘉坡

　　總發行所有 25 處，分售處達到 21 處，北邊已到哈爾濱，西邊達到西安，連偏遠的雲南都有了分售處，香港、澳門甚至新加坡都有了分售處。發行的地域之廣，在當時國內是獨一無二的。

　　上文分析到，《小說月報》的讀者群是一個從小學生、初識字的婦女到精通英語的、擁有深厚古文基礎跨度很大的讀者群體，這一個很大的讀者群體跟《小說月報》極為寬廣的發行地域相結合，形成了《小說月報》極為龐大的立體的受眾網路。就是這樣一個網路保證了《小說月報》不斷提高的銷售量和極強的影響力。

　　如果說發行地域之廣依靠的是商務印書館雄厚資金支撐起來的發行點，那麼，讀者之眾除了《小說月報》本身的因素之外，還有一個重要的因素就是讀者自身的因素，影響《小說月報》銷量的因素除了讀者本身的欣賞口味之外，讀者的經濟因素也應該考慮在內。

　　基於《小說月報》讀者群跨度甚大，讀者群體的經濟因素可參照當時的收入狀況進行考慮。民國名記包天笑在其自傳《釧影樓回憶錄》中說，1906 年他到上海租房子，開始在派克路、白克路（現南京西路、鳳陽路）找，連找幾天都無結果，後來他發現一張招租，說在北面一點的愛文義路（現北京西路）勝業里一幢石庫門有空房。貼招租的房東當時講清住一間廂房，每月房租 7 元（以下均指銀元）。當時上海一家大麵粉廠的工人，一個月的收入也不過 7 到 10 元〔註 10〕。

　　上海市 1911 年～1919 年基本的物價為〔註 11〕：

　　　米價恒定為每舊石（177.7 市斤）6 銀圓，也就是每斤米 3.4 分錢，

　　　一銀圓可買 30 斤上等大米；

　　　豬肉每斤平均 1 角 2 分～1 角 3 分，1 銀圓可以買 8 斤豬肉；

　　　棉布每市尺 1 角錢，1 銀圓可以買 10 尺棉布；

　　　白糖每斤六分錢；

〔註 10〕金滿樓：《民國上海生活成本：一月四次葷菜 房租占支出主體》，鳳凰網歷史頻道。

〔註 11〕陳明遠：《文化人的經濟生活》，陝西人民出版社 2010 年 6 月版，第 304 頁。

植物油每斤 7～9 分錢；

食鹽每斤 1～2 分錢。

而《小說月報》每期的定價爲一角五分到兩角，比每斤的豬肉稍高，這樣的一個價格，是大多數市民可以承擔起的。在《小說月報》的讀者群中，學校、小市民階層的婦女和學者是主要的去處。這也與惲鐵樵所認爲的：「弟思一小說出版，讀者爲何種人乎？如來教所謂林下諸公，其一也；世家子女之通文理者，其二也；男女學校青年，其三也。商界、農界讀者，必非新小說，藉曰其然恐今猶非其時。是故《月報》文稍艱深，則閱者爲上三種人之少數。《月報》而稍淺易，則閱者爲三種人多數。」〔註 12〕在這些人當中，多半爲有閒階層或者學生，每月負擔一本《小說月報》的價錢應該是足夠的。

而對於學校的學生來說，他們憑藉著現代圖書館的建立，也能夠讀到《小說月報》。除了新式學校之外，對《小說月報》新型讀者的培養作用最大的就是現代圖書館。大量的學生和逐漸興起的市民讀者對《小說月報》的接受渠道除了訂購之外，主要通過新興的公共圖書館完成的。在 20 世紀初的中國，隨著經濟和文化的發展，藏書機構由以前的私人或官方藏書樓轉化爲公共圖書館，使得一大批市民和學生能夠通過圖書館這個渠道瞭解到文化知識。從而成爲許多正在發行中的書籍、雜誌和報紙的讀者。《小說月報》創辦之時，當時全國 18 個行省之中，除了江西、四川、新疆外，其他各省都建立了圖書館。上海、北京和江蘇等地還建立了許多所學院圖書館。這些圖書館「多儲經史，以培根本，廣置圖書，以拓心胸，旁及各報，以廣見聞」。〔註 13〕這些圖書館的建立加上商務遍及全國的發行網，不僅使全國訂購者可以讀到《小說月報》，而且也爲大量沒有經濟實力的讀者提供了閱讀的機會。各地圖書館的建立，間接的爲擴大《小說月報》的影響力發生了作用。

《小說月報》這些「硬體」的設立，對於早期《小說月報》影響力的形成是必不可少的。在這些經濟因素的影響下，《小說月報》的文學觀念適應了社會觀念，《小說月報》在當時形成了「權威」就不難理解了。

【作者簡介】

李直飛（1983～），男，雲南宣威人，現在爲四川大學中國現當代文學 2010級博士生。

〔註 12〕《本社函件最錄》，《小說月報》7 卷 2 號。

〔註 13〕山東師範大學蘇玉娜碩士論文《接受視野中的〈小說月報〉》。

肆、由文化商品到學術經典的轉化 ——以《中國新文學大系》（1917～1927）為例

王永祥

摘　要

　　《中國新文學大系》（1917～1927）作爲現代文學發生發展自我證明與總結的一部學術經典，對現代文學史的撰寫與現代文學批評產生了巨大影響。它的產生和經典地位的確立，經歷由文化商品到學術經典的複雜轉換。考察《大系》經典化的過程，能讓我們更爲深入理解現代文學的發展與流變。

關鍵字：《大系》（1917～1927），趙家璧；新文學，新啓蒙，現代文學

現代文學作品不僅是作家人生體驗的審美創造，也是現代出版業所生產出的文化產品。羅貝爾・埃斯卡爾皮把介於作家和獨立作品之間的出版商比作助產士，認為「出版者雖不構成生命的起源，也不是生命的孕育者和提供者，但沒有他，一部構思好了的、并已脫稿的作品就不能眞正作爲作品而存在。」〔註1〕作爲和文化市場關係最密切的出版商，對文化市場和讀者需求有敏銳的把握，他可以通過選題、組稿、廣告宣傳、發行等手段，生產出爲社會廣泛接納的文化經典。在現代文化經典的形成中，可以說處處都能見到出版商的身影。《中國新文學大系》（1917～1927）（以下簡稱《大系》）就是一個經由出版商的助產，由文化商品變爲學術經典的典型案例。

一

趙家璧之所以能成爲《大系》的助產師，和他豐富的編輯經驗密不可分。在良友圖書印刷公司當編輯的趙家璧，推出《大系》前，就以對時代潮流的明銳捕捉，成功推出一系列暢銷書。如他編輯「一角叢書」時，善於將選題與時代需求緊密結合起來。1931 年「九一八」事變不久，就組稿羅隆基寫作《瀋陽事件》，於 9 月 26 日出書，一炮打紅，成爲暢銷書。其後又聯繫胡愈之推出《東北事變之國際觀》，還有其他國際問題專家的《東北抗日的鐵路政策》、《日俄對峙中的中東鐵路》、《國際聯盟理事會的剖析》等。在關注時代熱點的效應中，「一角叢書」知名度大爲提高。不但叢書中先前滯銷的文學作品如陳夢家和穆時英的小說被帶動暢銷，而且以這套叢書爲平臺，成功推出一系列現代文學作品，如陳夢家的《不開花的春天》、穆時英的《被當作消遣品的男子》、施蟄存的《李師師》、丁玲的《法網》、鄭伯奇的《寬城子大將》、張天翼的《脊背與奶子》、林微音的《西泠的黃昏》，都在這套叢書中成爲暢銷書。再如丁玲被捕後，在社會各界力量營救丁玲的同時，丁玲的作品無疑是奇貨可居的熱銷作品，趙家璧提前將已組稿到手的丁玲未完成的《母親》出版，成爲他主編的「良友文學叢書」中最爲暢銷的作品，此舉不但爲營救丁玲營造出巨大的輿論影響力，而且出版商也賺到大把銀子。「《母親》出版後，立刻成爲《良友文學叢書》中的最暢銷書。第一版印四千冊，一個月消光，十月和十二月各再版二千冊，這在當時書業界簡直是個奇跡。年底結算，

〔註1〕 羅貝爾・埃斯卡爾皮：《文學社會學》〔M〕，符錦勇譯，上海：上海譯文出版社，1988：71。

作者應得之版稅，爲數可觀。」〔註2〕而且招致丁玲湖南老家的親戚渾水摸魚地索要稿費。

「一角叢書」和「良友文學叢書」的編輯，讓趙家璧積纍了豐富的編輯經驗，這其中包含著一個職業編輯對當時圖書市場和文化氣候敏銳而精準的把握。當他編輯完《良友文學叢書》之後，感覺到自己可利用的文化資源相當有限，「已創刊的《良友文學叢書》，符合出版水平的來稿並不多，要經過一個長期積纍的過程，才能出成數十種或上百種。」〔註3〕在自己有限的編輯資源下，他意識到與其被動地編輯，不如主動尋找新的文化資源以擴大公司的文化市場。正是在這樣的編輯思路的調整中，趙家璧把眼光投到了「五四」以來的文學作品。他認識到：「五四新文學運動以來，現代文學史上已有定評的文藝作品，屈指計算，爲數也不少，這些書都是紙面平裝本，分散在各處出，極難覓齊，如果我能把它擇優編選，統一規格，印成一套裝幀美觀、設計新穎的精裝本，可取名爲『五四以來文學名著百種』之類，那不是克期可成的工程嗎？」〔註4〕

《大系》表面上是趙家璧靈光一閃的偶然產物，但是如果我們回到三十年代的歷史現場，究其根本，是當時文化市場格局變動的必然結果。三十年代中期，隨著文化自由市場的成熟，政府、持不同政治立場的團體、眾多出版商不但在思想文化上進行博弈，而且對文化商品所帶來的經濟利益的爭奪也漸趨激烈。《大系》之所以能夠出現，和它背後對話語權與經濟利益的爭奪密不可分。

二十年代末，隨著革命文學的興起，以創造社和太陽社爲骨幹一幫年輕人，在宣泄自己被壓迫的不滿情緒的同時，用階級論武器批判「五四」新文學，他們試圖以打壓在「五四」新文學中已經成名的作家來開闢自己的話語空間，重新分配當時的文化市場。到了三十年代，隨著「左聯」的成立，政治化色彩濃厚的左翼文學成了當時文壇的主導力量。同時伴隨著國民黨政權的漸趨穩定，官方開始介入當時的文化市場，強行推行自己的意識形態和文化產品，試圖在打壓激進思潮的同時壟斷當時的文化市場。國民黨政府在 1934 年 2 月 19 日在南昌成立以推行封建道德爲準則的「新生活運動促進會」；規定孔誕日全國舉行

〔註2〕 趙家璧：《編輯憶舊》〔M〕，北京：中華書局，2008：56。
〔註3〕 趙家璧：《編輯憶舊》〔M〕，北京：中華書局，2008：103。
〔註4〕 趙家璧：《編輯憶舊》〔M〕．北京：中華書局，2008：104。

祭孔紀念；湖南、廣東等省爲回應讀經編制了《中小學經訓讀本》，並以經書爲題進行中學畢業會考。「五四」時期反對白話鼓吹文言的汪懋祖，此時已是國民黨教育部官員，他在 1934 年 6 月 21 日的《申報》上發表了《中小學文言運動》。〔註5〕此文引發了新一輪的文言白話之爭，「五四」新文學的代表人物魯迅、茅盾等人都參與了這一論戰。與此同時，1934 年 5 月，國民黨成立圖書雜誌審查會，目標直指左翼刊物和書籍。從 2 月開始，查禁新文藝書籍一百四十九種，涉及 25 家書店，禁止七十六種刊物，包括左聯機關刊物《萌芽》、《北斗》。在國民黨政府這些政策的促動下，當時上海圖書出版市場開始大量翻印古書，以林語堂倡導的性靈文學、幽默文學爲風尙的宋明語錄體小品文，風行上海文化市場。林語堂當時明確表示，「我惡白話之文而喜文言之白，故提倡語錄體」。三十年代中期出現的這股復古逆流，顯然和五四時期新文化倡導者對中國文化和文學發展方向的設想相悖。如何去遏制這股潮流，回到「五四」開啓的新文化和文學發展的正軌，是當時亟待解決的重大歷史問題，趙家璧的編輯思路恰好和這一歷史需求獲得合拍。

二

《大系》作爲現代傳媒深度介入現代文學發展的產物，不但和三十年代文化格局的變動密切相關，也在於趙家璧的編輯思路切中了當時「五四」新文化初創者的心理需求。「左」和「右」的壓力下，「五四」新文學的合法地位受到嚴重挑戰。但是來自意識形態和政治權力的壓迫，卻從反面生產出了對「五四」新文學的文化消費需求。可以說趙家璧精明的商業嗅覺敏銳地捕捉到了這一文化需求信息。當他意識到自己編輯資源有限，難以和官方強行推行的文化產品相抗衡，轉身重新挖掘逐漸被人淡忘、甚至受到批判的「五四」新文學作品時，既滿足了伴隨新文學作品成長起來的作家和讀者的需求，也以一種不同於官方的姿態，啓動了「五四」新文學初創者對抗意識形態和政治權力的反抗本能。

新文學創造者的這種文化心理需求，我們從《大系》產生之前，先期出版的兩部有關「五四」新文學的書所引起的社會反映中即可看出。一是劉半農編的《初期白話詩稿》。這部詩集一出版，引起新文藝初創者的強烈共鳴。

〔註 5〕 趙家璧：《編輯憶舊》〔M〕．北京：中華書局，2008：102。

劉半農的序言中提到他把這部詩稿送給陳衡哲看,「向她談起要印這一部詩稿時,她說:那已是三代以上的事了,我們都是三代以上的人了」。〔註6〕當年轟轟烈烈、席卷全國的五四新文學運動,十多年的時間已成爲歷史陳跡,如劉半農自己所言「當初努力於文藝革新的人,一擠擠成了三代以上的古人」。阿英當時在他的《運動史資料》序裏,表達和陳衡哲同樣的感慨,並說「其實,不僅回想起來,使人起寥遠之想,就是在不到二十年的現在,想搜集一些當時的文獻,也真是大非易事。」另一部著作是出版於 1933 年的王哲甫著的《中國新文學運動史》,此書一出,茅盾就在 1934 年 4 月號的《文學》書評欄裏對其進行評論,認爲用意雖好,但結果失敗了。主要是未能全面反映五四新文學發展的歷史面貌,認爲總結這段歷史意義非常重大,「儻使有這樣的書出來,對於研究現代文學史的人固然得用,對於一般想要明瞭過去到現在的文壇情形的青年也很有益」。〔註7〕

在三十年代中期,「五四」新文學從精神到文獻的嚴重失落,引起了新文學創造者強烈的精神共鳴,作爲他們曾經創造的歷史,轉瞬間被遺忘或者說被後來者擠出歷史舞臺,在他們內心深處,不能不說是一種嚴重的衝擊。因此當剛出道的年輕編輯趙家璧通過同事、朋友的網路關係,聯絡到當時的文化名人來做《大系》各集的編輯時,幾乎都是異口同聲的答應了趙家璧的這一要求。甚至連身患重病、中途想退出的魯迅也一改拒絕的態度重新加入編輯隊伍,完成這一編輯宏業。

「五四」新文學作爲由民間運動自發而產生的文化產品,如何編纂,如何將其歷史化,如何確立其經典意義,成爲一個亟待解決的歷史課題。「五四」時期統一的文化陣營已經不存在,政見相左的文化名人難以走到一起,完成他們心中都想實現的這一文化創舉。而「五四」文學精神和官方意識形態相悖的矛盾,注定是要被政府文化機構所冷落。趙家璧的出現可以說恰到好處補上了這一歷史空缺。他作爲民營企業一名編輯,其中立的政治立場剛好可以將矛盾重重的文化人黏合在一起,既滿足了五四文化人的心理渴求,也實現了作爲企業對利潤的追逐。因此當他把編輯設想通過人際關係網和當時名

〔註6〕 劉半農:《初期白話詩稿序目》〔A〕,《半農雜文二集》〔M〕,上海:良友圖書
　　　　印刷公司,1935:353。
〔註7〕 張若英 (阿英):《《中國新文學運動史資料》序記》〔A〕,上海:光明書局,
　　　　1934:2。

望很高的文化人相交流時，很快付諸實施，煌煌五百萬言的浩大編輯工程在短短一年的時間內就完成。

　　一件文化產品要獲得巨大的社會效益，必然有待於產品自身的質量和特色。趙家璧一開始的編纂設想，只是借鑒外國叢書體例，把「五四以來文學名著百種」集合成書。但這樣的編輯設想顯然過於簡單，難以凸現自身特色，不能在競爭激烈的文化市場中脫穎而出。必須實現別人所無，自己所有的創造性編輯，才能實現對文化市場的佔有。他要改變「作家寫什麼，我們出什麼，也可以說你爭取到什麼出什麼。這些書，良友不出，別的書店也會出」。〔註8〕這種編輯趙家璧稱之為從「有」到「有」。不能凸現良友自己的文化產品特色；現在他要變為從「無」到「有」的編輯。即「編輯是否也可以自己現有一個設想，要編成怎樣一套書，然後主動組織許多作家來為這套書編選或寫作；整套書完成後，不但具有它自己獨特的面貌，而且是，如果不是為了適應編輯的這個特殊要求，作家本人不會想到要自己去花時間編寫這樣一本書。這種編輯方法是否可以稱之為從無到有的創造性勞動呢？」〔註9〕從這種編輯思想中我們可以看出趙家璧對圖書市場的深刻洞察，他要以別人所無的文化產品來佔有文化市場。在他設計的編輯體例中，他既要網羅五四新文學繁富的成果，又要凸現各個編輯者的編選眼光和對五四新文學的總結，要把選家之學和史家之學融為一體。這樣「大系」就不是作品簡單的羅列和拼湊。《大系》最終以蔡元培的總序，每位編選者的導言，新文學所確立的四種文體——小說、詩歌、散文、戲劇——的作品選，阿英的資料索引，組成一個系統化的整體，真正將得之於歐美和日本出版物的大系體例的精神落到實處：「對於這樣一套包括理論、作品、史料的大叢書，我設想不用叢書之名，而學習日本出版成套書中所用的『大系』二字。這兩個字我認為頗具新意：既表示選稿範圍、出版規模、動員人力之『大』；而整套書的內容規劃，又是一個有「系統」的整體，是按一個具體的編輯意圖有意識地進行組稿而完成的；與一般把許多單行本雜湊在一起的叢書文庫等有顯著的區別。」〔註10〕這種獨特而有創意的編輯體例，把五四新文學的理論、作品、史料梳理成一個有機的整體，「始於理論而終於資料，以理論為首而張揚精神，以資料為足

〔註8〕　趙家璧：《編輯憶舊》〔M〕，北京：中華書局，2008：104。
〔註9〕　趙家璧：《編輯憶舊》〔M〕，北京：中華書局，2008：104．
〔註10〕　趙家璧：《編輯憶舊》〔M〕，北京：中華書局，2008：108．

而站穩腳跟，中間以流派創作爲體而顯示實績，從而形成一個嚴密而富有變化的結構完整的有機體」。〔註11〕

三

　　《大系》雖然在產生之初受到廣泛的好評，實現了不錯的銷售業績，但只是在暢銷書的層面獲得了成功。它要眞正成爲一部學術經典，必須經過更爲複雜的認證過程。《大系》能否成爲學術經典的關鍵問題，在其牽扯到現代文學諸多的元問題。《大系》是對現代文學產生後第一個十年的總結，第一個十年不僅是文學自身的問題，也涉及到對其中的「五四新文化運動」的分析評判，正是現代文學和五四的一體相關，使得《大系》能否成爲一部經典，面臨著兩個層面的考驗，一是新文學和傳統以及西方之間的關係，諸如新文學的發生學、源流、傳統與反傳統等問題，核心問題是中西古今之辯；二是現代文學發展的第一個十年是左翼文學還沒有興起的歷史時段，牽扯到對新文學性質的評判問題，諸如文學與革命、啓蒙與救亡、文學的自我獨立性與政治依附性等問題，核心是現代文學何爲現代的複雜糾葛。

　　如劉禾所言，新文學初創者是借助其理論話語力量和以西方爲中心的評判標準確立自我經典地位的。「憑藉這種象徵權威而自命爲現代文學的先行者，同時把其對手打入傳統陣營，從而取得爲遊戲雙方命名和發言的有利地位」〔註12〕〔6〕《大系》作爲現代文學初創者自我經典構造的一次集體行動，這種經典構造的理由能否成立，前提是現代文學作爲中國文學發展的正典地位能否確立。

　　現代學術經典化的路徑，往往通過兩條途徑來實現，一是國家意識形態的建構；二是現代學術與教育體制中的研究與傳播。從《大系》產生之初到文革結束的這一時段中，《大系》所包含的知識份子啓蒙立場，與抗戰的民族主義訴求和解放區及建國後革命政治意識形態是相悖的，在這一時段中，《大系》的意識形態認證之路基本上是中斷的。

　　而在教育體系和學術研究中，《大系》所產生的影響則更爲複雜。在西南

〔註11〕楊義：新文學開創史的自我證明——爲《中國新文學大系導言集》所作導言〔J〕·文藝研究，1995（05）。

〔註12〕劉禾：《跨語際實踐——文學，民族與被譯介的現代性（中國，1900～1937）》〔M〕，宋偉傑譯，北京：三聯書店，2002：330。

聯大時期，新文學作爲教育知識的傳播對象，並不佔有突出的地位。1938 年聯大中文系成立「大一國文」編撰委員會，由資深的教科書編撰者楊振聲主持，編寫了全校通用的《大一國文》教科書，最後的修訂本是「一本包含十五篇文言文，十一篇語體文，四十四首詩，一篇附錄。」〔註 13〕四十四首詩中沒有一首新詩。而 1942 年秋教育部重新頒發了一份《大學國文選目》，這一教材全選文言，新文學完全被排除。據姚丹考察，中文系歷屆學生畢業論文選題所涉的研究中，總共 77 篇論文裏研究新文學的只有 6 篇。〔註 14〕在整個中文系中教授現代文學的只有沈從文和楊振聲兩人。聞一多當時就譏諷中文系爲「小型國學專修館」，〔註 15〕以致 40 年代中期，李何林當時撰文批評，呼籲「再來一次白話文運動」。〔註 16〕相對古代文學，新文學的合法地位在教育和學術研究中仍然未受重視，遑論對新文學進行經典化的《大系》。

　　新中國成立之後，中國現代文學作爲一門學科開始正式建立，掀起了撰寫現代文學史的熱潮。新中國成立之前，一般現代文學被稱之爲「新文學」。之所以更名爲現代文學，和當時新中國政治意識形態的建構密切相關。只有短短三十多年歷史的現代文學相對有幾千年歷史進程的古典文學，能成爲一門單獨的學科，是因爲在民族國家認同的意識形態建構中，新文學有著不可替代的作用，新文學發展被認爲是無產階級新文化開始形成的標誌。按照馬列經典所言文學屬於上層建築，是經濟基礎和政治革命鬥爭的反映。那麼新文學不僅僅是「新」，而且是無產階級在革命鬥爭中獲得現代意識的必然反映。故將「新文學」更名爲「現代文學」的同時，也確定了其之爲現代的內涵。這一內涵和《大系》以國民性改造和個性主義爲核心的啓蒙立場是不相容的。但是考察當時具有代表性的幾部文學史著作，雖然《大系》觀點立場未被採用並受到批判，但在文學史編纂體例上，卻深受《大系》影響，「《大系》的概念範式——分期、體裁等等——在後來中國大陸學者所寫的文學史中幾乎沒有任何改變。」〔註 17〕《大系》所確立的文學理論板塊（由蔡元培

〔註13〕 羅莘田：中國文學的新陳代謝〔J〕·國文月刊，1942（19）。

〔註14〕 姚丹：《西南聯大歷史情境中的文學活動》〔M〕，桂林：廣西師範大學出版社，2000：138。

〔註15〕 姚丹：《西南聯大歷史情境中的文學活動》〔M〕，桂林：廣西師範大學出版社，2000：132。

〔註16〕 李何林：再來一次白話文運動〔J〕，國文月刊，1944（26）。

〔註17〕 劉禾：《跨語際實踐——文學，民族與被譯介的現代性（中國，1900～1937）》〔M〕，宋偉傑譯，北京：三聯書店，2002：327。

的總序、胡適和鄭振鐸編選的「建設理論集」和「文學論爭集」、再加上各卷
導言中的理論闡釋組成）、文學運動（由各卷導言中關於文學發生及社團運動
的論述組成）、文學作品（由大系所確立的小說、散文、詩歌、戲劇四種文體
及編選作品組成）爲以後各個時期撰寫的文學史廣泛採用。具有代表性諸如
王瑤的《中國新文學史稿》（上卷 1951，下卷 1953），劉綬松的《中國新文學
史初稿》（上下卷，1956），唐弢、嚴家炎主編的《中國現代文學史》（第一、
二冊 1979，第三冊 1980），馮光廉、劉增人主編《中國新文學發展史》（1991）
錢理群等主編的《現代文學三十年》（1998 年修訂本），這些文學史或者注重
理論思潮，或者注重作者隊伍的劃分，或者側重文體分類，但都基本沒有逸
出《大系》所確立的文學史編纂模式。（對文學史模式影響的詳細分析，徐鵬
緒在《「中國新文學大系」研究》一書中做了詳細分析。）

　　《大系》經典地位的眞正確立，是上世紀八十年代中期。八十年代的文
化思想界興起了一股以批判極左政治爲核心的「新啓蒙」思潮，和這一思潮
相呼應在現代文學研究界出現了重寫文學史的熱潮。特別是「二十世紀中國
文學」概念的提出，將此前根據毛澤東《新民主主義論》所確立的文學史敘
事模式進行了徹底的顛覆。根據《新民主主義論》所劃定的舊民主主義、新
民主主義、社會主義三分的現代歷史發展階段，晚清以來的文學發展道路也
被劃分爲近代文學、現代文學和當代文學。這一文學史敘述的核心在於論述
文學中無產階級文化和社會主義因素由萌芽到壯大，最後無產階級新文化完
全佔領文學領域。因此，對應新民主義階段的現代文學只是一個文學發展的
過渡階段，在發展等級上低於反映社會主義革命的當代文學。這一進化論式
的激進文學史敘述模式因「文革」的爆發而備受質疑。在錢理群、陳平原和
黃子平倡導的「二十世紀中國文學」論中，重新確立了現代文學發展的現代
化敘述模式，即五四新文學是現代新文學的偉大開端，在傳統與現代，中國
與西方的時空視野中，打通近代、現代和當代，重新確立現代文學的整體性，
「二十世紀中國文學」論將革命敘述徹底顛覆的同時，重新確立了「五四」
新文學的正統地位。特別是李澤厚所提出的啓蒙與救亡的雙重變奏說，認爲
革命救亡干擾甚至導致了封建遺毒的復活。思想文化界認爲新時期的「新啓
蒙」就是中國現代史上的第二個「五四」，「一切都得從『五四』講起，中國
現代史好些基本問題都得追溯到『五四』，在思想文化、意識形態領域尤其如
此」。正是在將新時期和「五四」相重合的歷史建構中，知識份子的言說獲得

了歷史的支撐。隨著「五四」新文學在八十年代獲得了重新的肯定,《大系》中所包含的自我經典論證也獲得闡釋歷史的巨大效應。正如佛馬克所言「經典的一個功能之一就是提供解決問題的模式。歷史意識的一次變化,比如 18 世紀所發生的那樣,將引出新的問題和答案,因而也就會引出新的經典。」〔註18〕《大系》所自我認定的文學經典以及對這些經典的闡釋,成為參與八十年代文學變革的重要歷史資源。「正是借助於『五四新文化運動』在整個 20 世紀作為『現代性起源性』的神話地位,『新時期』才為表述自身的合法性找的了有效的語言」。〔註19〕這樣「二十世紀中國文學」論者重新確定了「支撐著『新文學史』敘述的,乃是由『五四新文化運動』與文學革命的領袖如魯迅、胡適、茅盾等闡述並建立、以『新文學大系』為主要敘述依據的『啟蒙』範式知識體系。」〔註20〕,《大系》中魯迅倡導的國民性改造問題、鄉土文學的界定,郁達夫對個人主義的張揚、胡適對新文學發生的闡釋等觀點開始受到廣泛重視並被徵用。至此,不但在文學史敘述框架的技術層面、而且從自我合法性論證的理論層面上,《大系》的經典地位獲得認證。經過八十年代這次深刻的思想文化變革,《大系》的經典性表述為現代文學之為現代的合法依據。「『現代文學』既是一個時間概念,也是個揭示這一時間文學的『現代』性質的概念,即是『用現代文學語言與文學形式,表達現代中國人的思想、情感、心理的文學』。——我們實際上是『回到』二三十年代朱自清、鄭振鐸等的那種理解。」〔註21〕

如果說在八十年代顛覆革命敘事模式基礎上建構現代敘事模式的思想交鋒中,《大系》的經典意義在新意識形態中獲得經典性的認同。而九十年代之後,隨著以《學人》雜誌創刊為標誌而倡導告別革命,回到學術本身的文化變動中,《大系》的經典地位在學術研究中也獲得高度的認同。在強調學術規範的學科體制中,學院文化日漸在思想文化界佔有突出地位,對《大系》的學術化研究獲得空前的推進。在期刊網上,以篇名為檢索條件,輸入「中國

〔註18〕 (荷蘭)佛馬克、蟻布思:《文學研究與文化參與》〔M〕,北京:北京大學出版社,1996:49。
〔註19〕 賀桂梅:《「新啟蒙」知識檔案——80 年代中國文化研究》〔M〕,北京:北京大學出版社,2010:18。
〔註20〕 賀桂梅:《「新啟蒙」知識檔案——80 年代中國文化研究》〔M〕,北京:北京大學出版社,2010:314．
〔註21〕 洪子誠:「當代文學」的概念「J〕．文學評論,1998(06)．

新文學大系」，直接以《大系》命名的論文（1970～2010）統計如下：

	1970～1989	1990～2000	2000～2010
論文	4	7	34
碩士論文			6
博士論文			1

　　八十年代，《大系》只是作爲變革思想文化的歷史資源存在，更多的是對《大系》導言的徵引，而九十年代之後對其學術思想的內在理路開始進行研究和清理。2000 年之後，論文之所以激增，和研究生擴招及學術體制的變革密切相關。至此，《大系》的經典化才算眞正完成。

【作者簡介】
　　王永祥（1975～）男，甘肅天水人，四川大學文學與新聞學院中國現當代專業博士研究生。

伍、作爲日常生活良友的鴛鴦蝴蝶派雜誌——以《半月》《紫羅蘭》爲例〔註1〕

胡安定

摘　要

　　二十世紀二十年代以《半月》、《紫羅蘭》爲代表的鴛鴦蝴蝶派雜誌，將自我定位爲精美的文化商品，注重包裝與營銷策略；在內容上主要立足於日常生活的言說，成爲都市生活的全面指南，爲讀者建構出一幅現代市民生活圖景；在風格上則呈現出消閒、趣味的特徵，以世俗化的日常生活意識區別於五四新文學的「啓蒙」訴求。這些雜誌以它們的言說姿態與內容參與了現代市民日常生活的想像與建構，並以瑣碎而直觀的形式將這些觀念傳播於廣大讀者。

關鍵字：《半月》，《紫羅蘭》，鴛鴦蝴蝶派，日常生活，世俗現代性

〔註1〕　基金專案：2011年教育部人文社科專案「多重文化空間中的鴛鴦蝴蝶派研究」，編號：11YJC751031

引 言

在中國現代文學史上，鴛鴦蝴蝶派因標榜遊戲、消閒的文學觀而備受批判與詬病。但在出版史上，鴛鴦蝴蝶派雜誌受到廣大讀者的熱烈追捧卻也是有目共睹。民國初年的《禮拜六》雜誌引得讀者爭相購買，排隊等候。到了二十世紀二十年代，雖然五四新文化／新文學群體對其極力口誅筆伐，但鴛鴦蝴蝶派雜誌不僅沒有消亡，反而迎來又一波創辦高潮：《禮拜六》復刊，《半月》、《紫羅蘭》、《紅玫瑰》等紛紛創刊出版，且銷量往往是新文學期刊的數倍乃至數十倍。那麼，為什麼這類雜誌能在當時擁有眾多的讀者？它們如何確立自己的言說姿態？本文以周瘦鵑編輯的《半月》、《紫羅蘭》為個案，通過考查二十年代鴛鴦蝴蝶派雜誌的形態，試圖對上述問題進行回答。之所以選擇《半月》與《紫羅蘭》，是因為這兩份雜誌在二十年代的鴛蝴期刊中，無論編排還是內容都很有代表性，而且其中聚攏了一批鴛鴦蝴蝶派代表作家，如畢倚虹、袁寒雲、張碧梧、江紅蕉、嚴芙孫等，編輯周瘦鵑更是被稱為鴛鴦蝴蝶派五虎將之一。〔註2〕

　　二十年代新文學／新文化期刊與鴛鴦蝴蝶派雜誌有著不同的現代性訴求，如果說新文學立足於個體的文化啓蒙和解放，偏重於精神性，那麼鴛鴦蝴蝶派雜誌則以滿足現代人的世俗欲望為鵠的，偏重於物質性。它們兩者既存在著文化資源、空間上的爭奪和對抗，同時也存在著某種程度上的合作與默契，在某種程度上，它們是分別從精神和世俗兩個向度來共同推進中國現代性的嬗變。因此五四以後，鴛鴦蝴蝶派雜誌在進行著自覺的調整，以《半月》《紫羅蘭》為代表的這類雜誌，為了與新文學啓蒙現代性訴求區隔開來，它們非常自覺地追求世俗現代性，於是，在內容上主要立足於日常生活的言說，成為都市生活的全面指南，為讀者建構出一幅現代市民想像性的生活圖景；在風格上則呈現出消閒、趣味的特徵，以世俗化的日常生活意識區別於五四新文學的「啓蒙」精英化訴求。此外在傳播策略上，它們往往將自我定位為精美的文化商品，注重包裝與營銷策略，多以一種日常生活良友的姿態

〔註2〕 魏紹昌在《我看鴛鴦蝴蝶派》一書中列出鴛鴦蝴蝶派的「五虎將」：徐枕亞、李涵秋、包天笑、周瘦鵑、張恨水，和「十八羅漢」：孫玉聲、張春帆、吳雙熱、李定夷、王西神、王鈍根、朱瘦菊、畢倚虹、嚴獨鶴、范煙橋、鄭逸梅、程小青、徐卓呆、向愷然、李壽民、王小逸、胡梯維、秦瘦鷗。

而呈現。這些雜誌以它們的言說姿態與內容參與了現代市民日常生活的想像與建構，並以瑣碎而直觀的形式非常有效地將這些觀念傳播於廣大讀者。

一、定位：精美的文化商品

《半月》創刊於 1921 年 9 月，由半月社發行，歸中華圖書館總經售，第五冊起由大東書局發行，至 1925 年停刊。《半月》終刊後，《紫羅蘭》繼之，《紫羅蘭》先後共九十六期，至 1930 年 6 月結束。〔註3〕顯然，《半月》與《紫羅蘭》都是以商業性雜誌定位的。

首先，這兩份雜誌都以精美考究而聞名，並且由於它們的成功，引起其他期刊紛紛傚仿，這種靠吸引眼球來推銷雜誌的做法，就是將期刊包裝成文化商品的策略。中國近現代雜誌經過了晚清繡像時代的圖文並茂、民初攝影插畫欄目的興盛，至二十年代，無論是印刷攝影技術還是欄目編排都已相當成熟。不同於新文學雜誌以思想深度定位，鴛鴦蝴蝶派雜誌大多視自己爲供讀者消費的文化商品，追求商品的美觀，以刺激讀者的購買欲望，因此更在意期刊的包裝設計，《半月》《紫羅蘭》即代表了這種傾向。《半月》的封面主要是謝之光所繪的時裝仕女，用三色銅版印，據鄭逸梅回憶，當時三色銅版的封面，其他雜誌還從沒用過。〔註4〕《半月》每期有插圖二至四頁，有主撰者照片、風景名勝，還有大量電影明星照片與影片劇照，這種做法有點類似後來的電影畫報。《紫羅蘭》的封面也多爲三色銅版仕女畫，每幅畫還題著兩句詩，如「此是昨朝相見地，悄無人在立多時」等，營造出一片典雅精緻的氛圍。尤其第三卷的封面設計更是別出心裁，封面鏤空，謝之光所繪的仕女圖就由鏤空處露出娟娟姿態。

其次，《半月》《紫羅蘭》的商品化傾向還體現在它們對營銷策略的重視，除了創辦前在各報刊大打廣告這樣通行做法之外，《半月》還特地舉辦隆重的週年紀念大會，1922 年 8 月 15 日在上海一品香飯店舉行了《半月》週年紀念典禮。在其第二卷第四號有插圖《半月雜誌週年紀念會紀念小影》，還載有許廑父《半月週年紀念大會記》，可以想像當時盛況。並在各報上登出紀念會的新聞稿，如申報《半月雜誌週年紀念會誌》，新聞報《別有興趣之宴會》，新

〔註3〕 本文論述不包括後期《紫羅蘭》，後期《紫羅蘭》創刊於 1943 年 4 月，出至 1945 年 3 月，張愛玲的成名作《沈香屑》即在該刊發表。

〔註4〕 鄭逸梅：《民國舊派文藝期刊叢話》，魏紹昌《鴛鴦蝴蝶派研究資料》，香港：生活‧讀書‧新知三聯書店，1980 年，第 330 頁。

申報《紀半月雜誌之盤會》，民國日報《半月雜誌紀念會志盛》。〔註 5〕。這樣通過新聞媒體大力宣傳自己，可以看出《半月》這類鴛蝴雜誌對銷路的無比重視。因爲引誘讀者的消費需要大量的說服，而大量的說服需要的正是大眾傳媒。正如劉易斯指出的「正因爲它是一種產業這個明顯的事實，大眾文化產業最關心的是銷路。產品必須打入市場。在正常活動過程中，銷路的要求優先於所有其他考慮。大眾文化產品的生產者私底下也許和其他人一樣十分關心美學價值與人類現實，但是，作爲生產者的角色，他們必須首先考慮商業利潤。」〔註 6〕

《半月》、《紫羅蘭》出於追逐商業利潤的需要，對於讀者群體有一個大致設定。應該說，《半月》《紫羅蘭》的讀者構成其實相當複雜，大體上以青年學生、城市中產階層市民爲主，也有一些舊派紳士。首先，從內容看，《半月》《紫羅蘭》上有不少作品敘述學校生活，編者也提及暑假中看小說爲最好的消遣之法，從這些可以看出《半月》《紫羅蘭》擁有不少學生讀者。《紫羅蘭》有「婦女與妝飾」欄目，專門討論女子裝束，因此可知其讀者中有不少都市時尚女性。同時，其中也不乏無論情調還是敘述都相對「陳舊」的文字，這些內容顯然是針對那些還有幾分傳統情調的舊派紳士讀者。其次，從廣告推測，《半月》《紫羅蘭》上面的廣告五花八門，有儲蓄、商場、香煙、唱片、時裝、牛奶、電影公司新片……從二十年代的上海市民生活狀況來看，這些廣告顯然是針對那些城市中產階層，如教師、律師、辦公室職員等等。迎合這些讀者的趣味決定了《半月》《紫羅蘭》的整體定位。這樣的定位使得《半月》《紫羅蘭》不以深刻的思想與先鋒的藝術探索見長，而主要立足於滿足廣大市民對世俗生活的欲望與想像，這非常明顯地體現在它們的內容與題材等方面。

二、內容：立足日常生活的言說

與民初的《禮拜六》等雜誌相比，《半月》《紫羅蘭》上刊載的翻譯作品減了不少，關於域外科學技術、政治文化介紹的文字篇幅也有所壓縮。二十年代的鴛鴦蝴蝶派雜誌多在平民百姓的日常生活、情感領域做文章。就內容而言，《半月》、《紫羅蘭》均顯得新舊雜糅、五花八門，既有時尚生活的推介贊許，也有舊聞掌故的津津樂道，域外奇景、穿衣著裝、社交禮儀、愛情婚

〔註 5〕 《海上諸大報對於本刊週年紀念之記載》，載《半月》1922 年第二卷第四號。
〔註 6〕 劉易斯·科塞：《理念人：一項社會學的考察》，郭方等譯，中央編譯出版社，2004 年，第 357 頁。

姻、戰爭時局……被調製成一道賞心悅目的文化拼盤，以休閒伴侶的姿態，釀造都市生活的全面指南，為讀者建構出一幅現代市民想像性的生活圖景。

首先，自晚清以來，域外文化、科技給中國讀者提供了一個可資借鑒的樣本，域外奇景也為中國的讀者所追慕，因此翻譯作品在雜誌上相當豐富。到了二十年代，《半月》《紫羅蘭》上面還是有不少翻譯作品。但這些翻譯作品不僅有別於晚清雜誌上的譯作，也與同時期的新文學群體的翻譯有所不同。如《半月》上有周瘦鵑翻譯的《我之憶語》，德國廢太子威廉著，張碧梧翻譯的《白室記》，還有徐滄廬的《東遊憶語》，記敘日本的音樂、戲劇等。《紫羅蘭》中主要是周瘦鵑的翻譯小說，有六十餘篇。這些譯作與五四新文學群體的翻譯顯然有著一定的區別，新文學群體的引介西方，是在啓蒙背景下，側重對思想資源的利用，如科學與民主的提倡，以及對西方各種文學藝術流派的借鑒，以完成中國的文學革命。而《半月》《紫羅蘭》這類雜誌中的譯作，更多的是將域外作為一個令人好奇的「西洋景」來呈現於讀者，因此會選擇德國廢太子的回憶錄，這顯然是對中國讀者關於域外風情與名人隱私窺探的雙重滿足。

其次，《半月》《紫羅蘭》立足於日常生活的言說，致力於提倡生活方式的現代化。因此，在其視野中，歐美不僅令人好奇的「西洋景」，更是一種現代時尚生活的樣本。在《半月》《紫羅蘭》中有大量的廣告，從文化商品到日常用品，十分豐富，而這些物品往往提示讀者，它們來自或仿自西方。下面這則皮鞋公司廣告更可見其追逐歐美時尚的努力：

> 歐美服裝要電：特約員·佩敏·玉行，（紐約電）此間秋季男鞋式樣已改。各廠競製新樣。並徵求社會意見。詳續告。（七·三）（紐約電）各廠決定用方頭新式靴鞋。頗新奇美觀。市上爭購缺貨。各廠加工趕製。圖樣郵寄。（八·一〇）（巴黎電）舞場風行新式緞鞋。名貴婦女。十九採用。速仿製。在華銷售。樣另寄。（七·二）
>
> 上海南京路拋球場。中華皮鞋公司。精究式樣。歐美各國。均駐有特約員。隨時電告消息。上列三電。為秋季新到。圖樣早到。仿製已成。陳列公司櫥窗。各界士女。請來一試入時新裝。皮料低廉。各貨照本削價一成半。機會難得。佳貨無多。歡迎參觀。〔註7〕

從這些廣告中可以看出《半月》《紫羅蘭》對時尚消費的提倡與贊許，消費也

〔註7〕 廣告，載《半月》1922 年第二卷第一期。

是一種標識身份的行爲。這些廣告都在暗示，購買使用這些產品，就會成爲緊跟世界潮流的新人物。

再次，除了廣告，《半月》《紫羅蘭》中還有大量欄目、文字教導讀者如何穿衣打扮、如何安排家常瑣屑等，對生活進行全方位的指導。如介紹時下流行裝束：

> 今年更有以旗袍製作新式者，即於袍之下幅綴五六寸闊之皮，或青
>
> 種羊，或海驢，或銀鼠，或紫貂，領則仿斗篷，以黑海獺絨爲之，
>
> 大如車輪，披肩際別有神韻。〔註8〕

這樣的內容在《半月》《紫羅蘭》等鴛蝴雜誌中十分常見，從時下新妝到女性如何保持體型，從閒暇娛樂到職場禮儀……這些雜誌給讀者展現的儼然是一部都市生活大全。

當然，日常生活不僅體現於時裝、日用品，還包括愛情婚姻、職業發展、文化修養等內容，以及一切有關人生、社會的種種問題。《半月》《紫羅蘭》的很多專刊號就是針對各種問題而設，諸如「離婚問題號」、「情人號」、「青年苦悶號」、「春季號」、「戀愛號」等等。如《半月》的「情人號」，專門討論有關愛情的種種問題：何爲愛情？愛情在人生中的重要性？如何表達等等。這些專刊號雖然也觸及一些人生社會問題，然而其主要目的還在於調動讀者興趣，缺乏一種探索人生、社會的執著，以及思考探索的熱情。而對於愛情婚姻、職業、貞操、倫理等問題的思考與解決，大多都是在一種不與習俗、道德相衝突的改良框架內進行。

同時，《半月》、《紫羅蘭》這些雜誌上還有不少文字頗有幾分舊情調，如王西神的文言小說《菊影樓話墮》，記敘與一妓女梁蘭的交往點滴，兩人交情甚好，但「余」因去海外，歸來後，蘭已「命薄桃花，彩雲飛去」。余因不忍讓往事湮沒，因此記之。〔註9〕這樣的士妓豔情追訴似乎還停留在才子佳人的餘韻之中。類似的內容還有如考證女人小腳、夏季夫妻分床的豔詞等等，不一而足。

《半月》、《紫羅蘭》這些鴛鴦蝴蝶派雜誌選擇立足於日常生活的言說姿態，而「日常生活是人們以非批判的和理所當然的姿態所佔有的熟悉的、但卻是自在的和未分化的領域。」因此會自覺地接受習慣、道德等等的約束，自然而然地運用各種歸類模式解決日常問題。不必思考追問「爲什麼」，而是

〔註8〕 江紅蕉《雲想衣裳記》，載《紫羅蘭》1926 年第一卷第五期。

〔註9〕 王西神《菊影樓話墮》，載《半月》1922 年第二卷第六號。

只要知道「是什麼」。〔註10〕因此，其內容就顯得瑣碎直觀、紛繁蕪雜，而這樣的內容也正與它們的風格取向相一致。

三、風格：趣味與消閒

《半月》、《紫羅蘭》這些鴛鴦蝴蝶派雜誌以文化商品定位，立足於日常生活的言說內容，因此，它們的整體風格往往呈現出趣味與消閒的特徵。《半月》將自己比作一座大花園，「半月園者，天下之極樂處也，去廣寒不知幾何里，入其中，豁然開朗，意趣暢然，頓忘世界之黑暗。」那些作者就是園中各種景致與物品，如鳥有周瘦鵑、朱鴛雛、嚴獨鶴，花有江紅蕉、嚴芙孫，木有徐半梅、張碧梧……〔註11〕花園是人休憩娛樂的所在，《半月》如此自擬，顯然是希望帶給讀者輕鬆與快樂。因此讀者的閱讀狀態就是：「燈前相偎，花前相攜。」〔註12〕

類似的發刊詞或編者自道，在二十年代的鴛鴦蝴蝶派雜誌中可謂數不勝數。正因爲他們主要注意在「趣味」方面。「甜甜蜜蜜的小說、濃濃鬱鬱的談話、奇奇怪怪的筆記、活活潑潑的遊戲作品」鋪就了一條花團錦簇的「玫瑰之路」，〔註13〕以供讀者消遣。因此，面對1920年代的內憂外患、軍閥混戰、民不聊生的現狀，《半月》《紫羅蘭》這些鴛鴦蝴蝶派雜誌更多側重於滑稽趣味的諷刺調侃，而缺少批判的鋒芒。同時期周瘦鵑的《快活》雜誌祝詞更可看出他們無奈之中的風格取向：「現在的世界，不快活極了。」在這百不快活中，做出一本快活雜誌來，「給大家快活快活，忘卻那許多不快活的事。」〔註14〕所以，他們津津樂道於時尚流行、舊聞掌故、文人趣事、市井百態。

當然，對一些尖銳的時局問題，這些雜誌也並非都是一味迴避。例如《紫羅蘭》當中就有不少關於戰爭的小說，如章倚雲的《歷劫瑣記》、程小青的《祖母與孫兒》、黃轉陶的《危牆之下》、江紅蕉的《亂離之犬》，並且還有專門的「非戰號」。這些作品往往更多關注戰爭對生活的破壞，黎民百姓遭遇的苦難，滿目瘡痍、生靈塗炭。無論是普通百姓還是軍人的視角，都表現出對戰爭的厭倦和控訴情緒，抒發著對和平安寧的日常生活的嚮往。而對於戰爭的

〔註10〕衣俊卿：《衣俊卿集》，黑龍江教育出版社1995年，第342頁。
〔註11〕范菊高《半月園志》，載《半月》1922年第二卷第一號。
〔註12〕張南冷《雜誌評話》，載《半月》1922年第二卷第二號「半月談話會」。
〔註13〕廣告，載《星期》1922年第28號。
〔註14〕周瘦鵑：《〈快活〉祝詞》，《快活》旬刊1923年第1期。

正義與否、戰爭對人性的考驗等等問題他們並沒有過多思考，他們還停留在
「寧爲太平犬，不爲亂離人」的感慨中。對於其他的社會黑暗現象，如權貴
欺人、失業窮愁等問題，《半月》《紫羅蘭》這些雜誌大體也是採取類似的評
說一番、感慨一下、調侃數語的態度，正如有研究者指出的，這些雜誌不過
「說說俏皮話，幽默幾句，發泄心中的憤懣」〔註15〕。

　　《半月》、《紫羅蘭》這類雜誌堅持趣味、消閒的風格取向，其實正體現了
1920 年代鴛鴦蝴蝶派以世俗化的日常生活意識區別於五四新文學的「啓蒙」訴
求的特徵。定位、內容與風格等方面來看，與新文學嚴肅的啓蒙意識相對，鴛
鴦蝴蝶派熱衷於給讀者提供「排悶消愁一條玫瑰之路」。〔註16〕作爲現代文化
啓蒙的重要組成部分，新文學從「文化啓蒙」到「民族救亡」到「無產階級革
命運動」，遵循的是民族國家理想的精英敘事，文學始終與人性重建、社會變革、
救亡圖存的目標聯繫在一起。〔註17〕而鴛鴦蝴蝶派則在日常生活領域，熱衷於
飲食男女、生活方式的言說，顯然，這是一種建立在現代商業城市的大眾文學
敘事。這類雜誌的暢銷，也可看出隨著中國都市化進程的推進，這種建立在大
都會文化精神與契約觀念基礎上的市民日常生活，日益受到讀者的關注。同時，
這些雜誌也以它們的言說姿態與內容參與了現代市民日常生活的想像與建構。

　　總體上，《半月》《紫羅蘭》這類雜誌立足於生活領域，從衣食住行到道
德情感，以一種瑣碎、直觀的形式爲讀者提供一份現代都市生存手冊。對於
那些蕓蕓眾生的「庸眾」讀者而言，通過這樣的途徑，他們擁抱了另一個層
面的現代化，正如法國學者勒龐所說的「群體的意見和信念尤其會因爲傳染，
但絕不會因爲推理而得到普及。」〔註18〕對於普通人而言，現代絕對不是推
理的產物，而是通過大量的細節與瑣碎，將一種現代日常生活觀念在人群中
「傳染」。因此，新文學群體雖然以一種急切的姿態要啓蒙他們，卻很難得到
他們的應和。而《半月》《紫羅蘭》這樣的鴛鴦蝴蝶派雜誌卻大受歡迎，這兩
份雜誌都經常需要再版三版，例如筆者在四川大學圖書館所查閱的《半月》

〔註15〕 柯靈主編，袁進選編：《紙片戰爭——〈紅雜誌〉〈紅玫瑰〉萃編》，上海古籍
　　　　出版社 1999 年，第 3 頁。
〔註16〕 廣告，載《星期》1922 年第 28 號。
〔註17〕 楊匡漢主編：《20 世紀中國文學經驗》（上），中國出版集團東方出版中心 2006
　　　　年，第 487 頁。
〔註18〕 （法）古斯塔夫·勒龐：《烏合之眾：大眾心理研究》，馮克利譯，中央編譯
　　　　出版社，2005 年，第 105 頁。

就是該刊的再版。在二十世紀二、三十年代，大東書局就靠著這些雜誌，在上海出版界顯出幾分後來居上之勢。

【作者簡介】

胡安定（1975～），女，安徽桐城人，文學博士，西南大學文學院副教授，主要從事中國現當代文學與文化研究。在《文學評論》、《社會科學研究》、《首都師範大學學報》等刊物發表論文十多篇，並有多篇論文被《新華文摘》、《人大複印資料》轉載。

陸、抗戰後期大後方戲劇運動的市場化趨勢

傅學敏

摘　要

　　本文主要從市場化角度研究抗戰後期大後方戲劇運動的歷史狀態，大後方戲劇市場化趨勢主要表現為市場熱點的轉換、促銷策略的多樣化、民營職業劇團的崛起、噱頭的盛行。市場化帶來的經濟效益既能促使觀演機制良好運轉，也能讓演出市場陷入商業資本運作而忘卻社會責任和藝術追求，但勿庸置疑，市場化使大後方戲劇進入了多元的發展時期，亦在一定程度上體現了民國文學機制的豐富性與生動性。

關鍵字：抗戰後期，大後方，戲劇運動，市場化

　　從國家歷史情態思考大後方戲劇生存與發展的歷程，無疑是充滿學術新意與歷史想像的課題。「國家歷史情態」這一觀念直接來源於李怡先生對民國文學的思考，亦即「一個國家在自身的社會歷史的發展中呈現出來的國家政治的情狀、社會體制的細則、生存方式的細節、精神活動的詳情等等」〔註1〕，這種觀念超越了單純的社會歷史角度，使歷史還原與中國體驗獲得真正的重視，因此，還原歷史細節，呈現影響大後方戲劇發展的多種因素，包括經濟因素，成為深化大後方戲劇研究的途徑與要求。由於篇幅限制，本文擬從市場化角度研究抗戰後期大後方戲劇運動的歷史狀態，以期說明在國家政治的引導下，大後方戲劇仍然在市場化進程中具有了多種可能性。

　　本文所謂的抗戰後期，時間大致在1941～1945年，這期間大後方政治局勢相對平穩，戲劇運動也由早期昂揚的民族國家敘事漸漸朝著日常生活和溫潤情感轉移，霧季演出的集中性和大後方民眾對精神生活的旺盛需求構成廣闊持久的戲劇消費市場，市場化成為抗戰後期大後方戲劇運動不可忽視的趨勢，它帶來的經濟效益既能促使戲劇觀演機制良好運轉，也能讓演出市場陷入商業資本運作而忘卻社會責任和藝術追求。但勿庸置疑，市場化使作為消費主體的都市市民成為戲劇運動的風向標，並在無形中悄然調整戲劇演出傾向，抗戰戲劇由此進入了多元發展時期。

一、市場熱點的轉換

　　「一個民族和國家的文學歷史的敘述，所依賴的巨大背景肯定是這一國家歷史的種種具體情態。」〔註2〕抗戰時期，國家政治的中心就是「抗戰建國」，但是「抗」與「戰」並未成為國家歷史情態的所有內容，抗戰後期，大後方戲劇舞臺上的硝煙與戰爭、口號與募捐漸漸平息下來，一些能獲得觀眾喜愛的「與抗戰無關」的優秀劇作開始漸露崢嶸。

　　抗戰結束之後，田進和陳白塵分別對抗戰八年來的戲劇創作進行了清算，他們以125部多幕劇為對象，以1941年春為界將抗戰戲劇創作劃分為前期後期，在田進的統計中，抗戰前期直接和間接描寫抗戰的占66%，後期僅有8%，與抗戰無關的劇作前期僅有7%，後期達到20%；〔註3〕陳白塵的統計結果是抗

〔註1〕 李怡，中國現代文學史的敘述範式〔J〕，中國社會科學，2012，（2）。
〔註2〕 李怡，中國現代文學史的敘述範式〔J〕，中國社會科學，2012，（2）。
〔註3〕 田進，抗戰八年來的戲劇創作〔N〕，新華日報，1946.1.16。

戰前期描寫抗戰的有 66%，後期僅有 22%，與抗戰無關的劇作前期僅有 7%，後期達到 17%，〔註 4〕雙方統計資料略有出入，但在基本面上是一致的，即在題材取向上，「與抗戰無關」的劇作呈增多之勢。對這一現象，批評家的解釋是客觀壓力之下作家現實主義戰鬥精神的動搖。不過，對於「抗戰戲劇」，劇作家也有不同的理解，吳祖光就認為「『抗戰』並非消極地僅僅驅逐敵人於國門之外，而是為了人類的生存與發揚光大。就以今天來說，『抗戰』同『建國』是並行的大業：只要我們的思想是健康的，我們寫作的出發點是正確的，是不妨害國家民族的，那麼它自然會具有抗戰建國的功能。」〔註 5〕如果用這種眼光看當時的劇作，那麼是否與抗戰有關就應該納入一個更加寬泛的範疇去認識。不過，放下認識的分歧不論，最關鍵的因素或許在兩個當事者的分析中被省略了，那就是：如果沒有市場的接受和呼喚，劇團能一廂情願地演出「與抗戰無關」的劇本嗎？

戲劇市場的熱點轉換一開始就受到批評家的指責。1941 年 4 月 5 日到 10 日，重慶舞臺上演出了《天長地久》，該劇根據法國作家小仲馬的《茶花女》改編，觀看該劇的觀眾擁擠不堪，花三元五元買票的多是中上階層的人，對於這樣與抗戰無關的戲劇的上演，江上仙（即葛一虹）撰文對市場追捧進行嚴厲的批判，「重慶是什麼地方，是我們戰時的首都，是我們抗戰的司令官，在這裡是應當可以自由地呼喊出抗戰的呼聲的。在這裡的環境，無論如何，在今天是與孤島的上海，大不相同的，那麼，我們為什麼還要拿給上海觀眾的東西來塞給重慶的觀眾呢？」〔註 6〕《新華日報》特為此配發了「編者按」，其措辭謹慎客觀，但是還是含蓄表達了對這種與抗戰無關戲劇的不支持態度。

不過，批評家的反感似乎並沒有影響觀眾的觀看此類戲劇的熱情。1941 年 12 月留渝劇人在國泰戲院上演了拜塞爾的劇作《閨怨》，同月，中央廣播電臺在抗建堂演出了李慶華根據奧尼爾《天邊外》改編的《遙望》，1942 年 1 月留渝劇人在國泰演出了俄國奧斯托洛夫斯基的《大雷雨》，1943 年根據《紅樓夢》改編的《鬱雷》也被中國青年劇團搬上了話劇舞臺，1945 年 1 月根據美國小說《飄》改編的《亂世佳人》在原小說豐富的戲劇性中加入濃烈的中

〔註 4〕 陳白塵，奔向現實主義的道路〔A〕董健，陳白塵論劇〔C〕，北京：中國戲劇出版社，1987。
〔註 5〕 吳祖光，「編劇」的含蓄〔N〕，新蜀報，1941.2.23。
〔註 6〕 江上仙，為什麼要演《天長地久》這樣的戲？〔N〕，新華日報，1941.4.28。

國北伐背景，雖然有生硬之嫌疑，也是一出受到觀眾歡迎的演出。除了改編劇外，曹禺的《北京人》講述一個大家庭的敗落，吳祖光《風雪夜歸人》描寫藝人追求自立的生活與心理歷程，《牛郎織女》是描寫牛郎眷戀美好人間的神話劇……這些戲劇都受到觀眾的喜愛追捧，其中，《閨怨》共演出 10 場，觀眾 14000 人，《遙望》演出 9 場，觀眾 3560 人，《大雷雨》演出 12 場，觀眾 14000 人，1944 年 4 月怒吼劇社上演的《牛郎織女》共 23 場，其中 3／4的時候賣了滿座，《北京人》1941 年 10 月及 1942 年 1 月被中青演出，兩次共演出 20 場，觀眾 12000 人，1943 年 3 月中藝又演出了《北京人》20 場，1943年中國藝術劇社演出了曹禺根據巴金小說《家》改編的劇本《家》，該劇在本年度共演出 86 場，創下了重慶演出場次最多的話劇紀錄。〔註7〕

　　這類受市場追捧的戲劇共同特點是：1、家庭題材的作品居多。大義滅親曾經是抗戰戲劇常見的情節，賣國與愛國的不同抉擇常常導致家庭的分裂；抗戰後期《北京人》、《家》、《鬱雷》等家庭題材則令人們再次關注倫理親情與時代風潮的複雜糾葛。2、愛情故事成為情節主線。抗戰前期的劇作中，愛情很少成為關注的重點，即使有，也常常被置於次要或陪襯地位。《全民總動員》中，麗麗小姐喜歡民族英雄，卻不知道眼前被她不看在眼裏的鄧瘋子就是她心儀的偶像，對英雄的暗戀反而成為其思想缺陷的證明。《一年間》劉瑞春剛結婚就上前線，洞房花燭只是陪襯英雄愛國主義情懷的私人事件。抗戰後期上演的《天長地久》、《亂世佳人》、《風雪夜歸人》、《牛郎織女》等戲劇多以青年男女情愛為主要線索，才子佳人的愛情故事，悲歡離合的男女真情開始滋潤人們因戰爭而日漸乾枯粗礪的心靈世界。3、藝術水平普遍較高。相當一部分西方經典戲劇在這個時期登上中國舞臺，如《哈姆雷特》、《大雷雨》等，高水準的原著為磨礪演導水平、培養觀眾審美品味立下功勞；與此同時，中國作家的原創作品《風雪夜歸人》、《北京人》等以溫婉綿長的詩意表現平凡人生與時代浪潮的交彙，都是中國現代戲劇史上可圈可點的佳作。

　　抗戰後期，市場熱點由宏大的民族國家話語轉向生活的日常化、情感化，戰爭體驗與生命體驗同時在舞臺上展現民族生存樣式的多樣性，早期的抗戰戲劇奠基於群體生存的激情，濃厚的教化色彩與空洞的口號使得民族、主義、國家等集體性概念喪失了個體生存感受的具體性和豐富性，到了抗戰相持階

〔註7〕　本節涉及的各劇演出場次及觀眾數量統計主要來源於石曼《重慶抗戰劇壇紀事》，中國戲劇出版社，1995 年。

段，它們不能再度激發觀眾的狂熱追隨，而小人物的個體遭遇、青春期的悸動和日常生活中的情愫因爲細膩的生活質感逐漸獲得市民的親近，這使抗戰後期的戲劇少了吶喊和說教，收穫了多元和審美的愉悅。

二、促銷策略的多樣化

戲劇內容趨於生活化、市民化的同時，劇團之間的競爭也日趨激烈。霧季演出是重慶戲劇市場的一大特點，時間大致爲每年 10 月至第二年 5 月，這期間各大劇團紛紛拿出精彩劇目，甚至一天之內同時上演兩個精彩劇目，如何吸引觀眾花錢看戲已經不單單是排演水平的問題，而與演出團體的促銷策略有關。戲劇廣告是大後方戲劇演出進行自我宣傳的主要渠道，它主要以報紙這一最爲經濟快捷的現代媒體和開放透明的公共空間爲媒介，對戲劇內容進行意識形態的解讀和引導，同時也旨在培養市民的消費需求和抓住其消費心理吸引讀者的眼球。抗戰初期，戲劇廣告比較簡單，主要預報劇目的演出時間、地點與票價，到了抗戰後期，戲劇廣告內容豐富而有針對性，呈現出的多樣化、立體化的營銷策略。

1、大投資、大製作的渲染

宏大的演出規模是大後方戲劇演出進行自我宣傳的一大亮點。高成本、大製作在物質貧瘠的時代本來是不適宜的，但是，越是這樣的時代，人們越嚮往在虛擬的舞臺上感受富足和寬裕的物質生活，越有通過宏大的規模融入集體族群的精神需要。而且，從消費心理而言，在票價相差無幾的情況下，大手筆、大製作所帶來的聲光色電的震撼性與愉悅感更能獲得觀眾的青睞。《秋子》是抗戰時期唯一一部大型歌劇，1942 年 2 月由中國實驗歌劇團與中國電影製片廠聯合演出，《秋子》的廣告重點就在「大型」二字上：「本劇籌備兩載耗資二十萬，動員演員樂隊三百餘人。當然爲中國藝壇有史以來的空前大演出。」〔註8〕耗資既巨，人員亦眾，如此盛況空前，觀眾即使不去看門道，也想去湊湊熱鬧，開開眼界。

高成本、大製作一度成爲大後方戲劇活動的亮點，這在古裝戲中尤爲突出。1941 年 11 月中華劇藝社在國泰劇院演出《天國春秋》，刊登在《新民報》的巨幅廣告爲：「耗資十餘萬，動員百餘人，太平天國興亡鑒，楊韋之亂寫眞

〔註 8〕戲劇廣告〔N〕，新蜀報，1942.2.4。

錄」〔註9〕其廣告賣點首先在於其大投資、大規模，其次才是戲劇內容的戲劇性，探秘性。可見，大投入、大規模成爲戲劇廣告吸引觀眾眼球的重要賣點，其目的在吸引觀眾花錢買票。當然，耗資之巨與規模之大的眞實性有待觀者自鑒。以中華劇藝社演出《天國春秋》來說，廣告上赫然寫著「耗資十餘萬」，而《新民報》對該劇的介紹是投資五萬餘元，資料相差一倍，不知道是報社的消息不夠準確還是劇團有意誇大投入規模以招徠觀眾，但是有一點可以肯定，在戲劇排演中，追求大投入大規模已成一種趨勢。觀眾喜歡，劇團也在推波助瀾，戲劇廣告更是在這方面做足文章以使演出賣個好價錢。

2、舞美的炫奇爭勝

舞美、燈光、服裝構成戲劇演出的有機組成部分，它們的完美演繹使戲劇的藝術效果獲得直觀的呈現。更重要的是，在時尚信息並不發達的抗戰時期，人們對時尚的追求和理解往往需要從藝術舞臺上獲得樣本，因此，對觀眾而言，看戲不僅是看劇情，也不僅是接受一場精神的洗禮，更是一種學習時尚和追趕潮流的重要方式。在戲劇舞臺上，舞美、服裝的新穎獨特與演員良好的身體條件相配合，通過舞臺演繹、情節闡釋以及附加的道德內涵，往往會形成一種新的時尚，這對時尚行業及青年觀眾極有吸引力。一出戲劇盛行之後，喜好時尚的觀眾常常會在生活中模倣劇中人的髮型或者服飾，這才會出現如下情形：在《天長地久》的演出中，一些理髮師爲了學做劇中人的髮型，一連去看幾場。

大後方戲劇演出在服裝的新穎方面下足了功夫。這在歷史題材的演出中尤爲突出。1942 年 1 月 8 日中國萬歲劇團公演《棠棣之花》，廣告特別強調：「倣古布景道具，特製戰國服裝，全知古代舞俑，十餘詩意歌曲。」〔註 10〕將道具、服裝的倣古特色重點推出，讓那些不喜歡歷史題材的觀眾哪怕出於對歷史服飾的興趣也能走進劇場。1942 年 4 月 3 日中華劇藝社演出五幕史劇《屈原》，廣告以六個「空前」先聲奪人，「服裝空前」赫然在列。服飾、舞美的爭奇鬥豔使戲劇的觀賞價值更突出，它的賞心悅目給觀眾帶來直接的感官刺激，最能在第一時間獲得觀眾的喜歡。

3、名人效應

名人效應是指社會公眾人物對普通民眾的號召力與榜樣作用。大後方演

〔註 9〕 戲劇廣告〔N〕，新民報，1941.11.29。
〔註 10〕 戲劇廣告〔N〕，新民報，1941.1.8。

出的市場營銷有效地利用了名人效應，其名人分為兩種，一是戲劇界明星，一是社會名流。

戲劇界明星包括名作家、名導演、名演員等。一般來說，觀眾看戲首先看是誰演的，獲得大眾認可的明星演員永遠具有票房號召力，抗戰時期，重慶話劇界的「四大名旦」和金山、藍馬等男演員在舞臺上的頻繁亮相，這與觀眾對他們的認可和追捧離不開。當時戲劇廣告中最多的套語即「鐵般的演出陣容」，其實就是利用明星策略對觀眾產生巨大的召喚效應。除了演員，劇作家也會成為市場營銷的重點。1941 年中國青年劇社公演《北京人》時，作者曹禺被重點推出：「繼《蛻變》後又一珠聯璧合的偉大貢獻！醞釀四載，舉國守望，劇壇瑰寶，藝海奇珍。聽一曲對蒙塵古都的懷鄉曲，讀一篇頌新生世界的光明行。」〔註 11〕這則廣告將劇作家和《蛻變》作為宣傳點，以曹禺的知名度和《蛻變》的已有的成功演出喚起人們對這一新作品的期待。

社會名流一般不參與戲劇生產，但他們對戲劇的評價與支持程度也可以成為戲劇賣點。中國藝術劇社成立後，首次公演戲劇為《祖國在呼喚》，演出廣告中穿插了潘公展為該劇所寫的祝語，潘公展身居文化要職，是國民黨中央圖書審查委員會的主任委員，掌管著劇作的生殺大權，他對該劇的題詞在某種意義上成為一種官方態度，在各種程式上自然可以遇山開路，逢水搭橋。而《戲劇春秋》上演時，其演出委員會由 11 人組成，其中包括王延松，王小籟，杜月笙，谷正綱，陳立夫，潘公展等社會知名人士，這些人或為政界名人，或能在社會上翻雲覆雨，他們進入演出委員會不見得是商業行為，倒是演出團體借助這些社會名流的加入提高了知名度，不是廣告勝似廣告，其廣闊的人脈關係為演出獲得活絡的空間。

4、票價優惠

票價優惠也是大後方重要的戲劇促銷手段。抗戰期間，大後方戲劇演出很少有打折的戲票，除了第一屆戲劇節重慶舉辦的「五分錢公演」外，其他時候票價都居高不下，因此票價優惠對普通市民、尤其是學生觀眾很有吸引力的。1941 年 3 月 31 日，中國萬歲劇團為「回應勸募戰時公債」公演《國賊汪精衛》，普通票價為三元、六元、九元，榮譽券為一百元、二百元、五百元，與之配套的優惠政策是：凡購買一百元、二百元、五百元公債者贈特級、優

〔註11〕戲劇廣告〔N〕，新蜀報，1941.10.24。

級、甲級榮譽座一張以資存念。不過這種優惠實際上是羊毛出在羊身上,因
為購買公債本身就花費不菲。比較實惠的票價優惠是 1944 年 2 月中國藝術劇
社為慶祝戲劇節將《戲劇春秋》座券七折優待。1944 年 3 月凱旋劇社演出《黃
金潮》時,票價實行半價優惠。不過在大後方,戲劇票價優惠實質上並不多
見,大概與演出成本太高、劇團入不敷出有關。

5、豐富多變的廣告宣傳

報紙廣告是大後方戲劇營銷的重要方式。報紙覆蓋面廣,信息量大,傳
播迅速,時效性強,是最為經濟有效的促銷媒體。初期的戲劇廣告主要刊登
戲劇演出的時間、地點、票價和演出者,相當於劇目預報,並無很強的推銷
意識。隨著戲劇市場的逐漸成熟,戲劇廣告的營銷意識才出色的表現出來,
廣告內容開始豐富多變。

在大後方戲劇團體中,中國藝術劇社最具有市場意識,它的戲劇廣告也
最為新穎靈活,富有煽動性。1943 年中國藝術劇社上演《戲劇春秋》,其廣告
設計頗具匠心。演出之初,刊登在《新華日報》的廣告主要是借助其他媒體
對《戲劇春秋》的評價從藝術水平對演出進行高度肯定,上演半個月之後,
廣告內容有了變化:「最後兩天:突破本季話劇續演紀錄。在機關,在學校,
在家庭,在公共場所,戲劇春秋成了人們主要的話題,劇中人的臺詞成了人
們口頭的流行語,設非劇情演技真摯動人,竭可臻此。」〔註12〕這個廣告借
助公共場所人們對《戲劇春秋》的關注將該劇融入人們的日常生活,使人感
到觀看《戲劇春秋》是生活中必不可少的一部分。其實,整個《戲劇春秋》
的演出從一開始就有數次不同的廣告以突出不同的宣傳重點,每一次都緊緊
抓住一般市民的觀劇心理。1943 年霧季中國藝術劇社共演出了 7 齣戲(其中
含 6 齣大戲),這樣的廣告策略對它的演出成功功不可沒。

戰爭在持續,生活也要進行,人們無法抗拒內心深處對精神生活的渴望,
這就是後方戲劇興盛的心理需要。政府部門對戲劇意識形態功能的拔高和戲
劇工作者文化啟蒙的良苦用心並非為市民全盤接收。市場這隻無形的手對戲
劇發展走勢進行適度的調節,一方面淡化戲劇的教化色彩,一方面也使戲劇
題材開始出現豐富多姿的趨向。戲劇開始滲入人的心靈世界,撫摸人內心深
處的每一道纖細的紋路和每一波顫慄的情思。此外,市場競爭機制也要求戲

〔註12〕戲劇廣告〔N〕,新華日報,1943.12.19。

劇演出必須在舞美設計、演員陣容、導演手法上盡善盡美，這對戲劇舞臺藝術的完善與走上職業化道路都是極好的鍛煉，儘管有時候過猶不及，在服裝、燈光、音樂方面投資過大，形成相當程度的浪費，這也是市場競爭中必須交付的學費。

三、民營職業劇團的崛起

市場化的進程必然催生出職業戲劇團體。在民營職業劇團出現之前，重慶的戲劇演出總是人滿為患，這說明戲劇在大後方人民文化生活中佔據極其重要的位置，人們是如此渴望文化生活，僅僅幾個官辦劇團已經不能滿足演出市場的需求，在這種情況下，民營職業劇團應運而生。大後方民營職業劇團主要有穩定和非穩定的兩種。穩定的民營職業劇團既注重票房價值，也注重藝術追求，還主動擔負宣傳抗戰、教育民眾的時代任務，顯示了大後方戲劇發展的生機與活力；非穩定的民營職業劇團則更多追求經濟利益，甚至唯利是圖。

大後方比較著名的穩定的民營職業劇團有三個：1941 年 10 月成立於重慶的中華劇藝社，1942 年底成立於重慶的中國藝術劇社，1941 年 10 月成立於桂林的中國藝術劇社。這些民營職業劇團的演出活動十分活躍。中國劇藝社在 1941 年到 1942 年第一屆霧季演出中，一共演出了 7 個大戲和 1 個小戲，還和「中萬」合演了 1 部大戲，《棠棣之花》、《天國春秋》、《屈原》初次演出場次分別是 24 場、25 場、21 場，達到了當時的最高紀錄。1942 年到 1943 年的霧季演出中，中華劇藝社又獻出 6 部有水平、有深度的大戲，成為霧季演出的中堅力量。中國藝術劇社在 1943 年到 1944 年的霧季演出中推出了 7 臺戲，在 1944 年到 1945 年的霧季演出中推出 4 臺戲，成為重慶劇運主力。新中國劇社從 1941 年 10 月 10 日首演陳白塵《大地回春》開始，至 1942 年秋，共進行過 7 次公演。

非穩定的民營職業劇團往往沒有固定的組織形式和穩定的基本成員，缺乏正規劇團的穩定性和持久性，它們常常臨時組合而成，演出結束之後則分錢分物散去。「留渝劇人」是大後方最為常見的臨時演出團體，它是由各種不同的演出人員臨時組合而成，由於沒有劇團名稱，為了方便起見，對外演出時自稱為「留渝劇人」。「留渝劇人」並非一個固定團體，其演出水平也常常良莠不齊，「不同的態度，不同的動機，不同的方法，這樣一組或那樣一組的

留渝劇人,就生了不同的結果。」〔註13〕類似「留渝劇人」這樣的臨時演出團體在 1944 年最爲興盛,很多劇團紛紛湧現,有的甚至只上演一次就銷聲匿跡,打一槍換一個地方。

　　許多著名的藝人都參加過臨時演出團體,其中包括秦怡、江村、徐春霖、施超、路曦、田烈、陶金、魏鶴齡、章曼蘋、寇嘉弼、項堃、郁民、蘇怡、張駿祥等人。臨時劇團的演出在客觀上也能活躍演劇市場,鍛煉和推出演藝新人,但其演出目的是以最小的付出獲得最大的回報,因此它不會在藝術性與思想性方面對於戲劇作嚴格要求。在劇目選擇上,臨時劇團的特點是:「第一,舞臺裝置比較簡單,最好是幾幕一景,頂多兩景;第二,服裝不要新制,完全能夠借到湊足,最好;第三,劇中人物不要太多,四五個到八九個人最適合;第四,劇本內容一定得有吸引觀眾的力量。這樣,用算盤計算一下,成本不大,戲能叫座,分潤盈餘的夥伴不多。」〔註14〕這裡提到的每一個標準都與藝術性、思想性沒有關係,而是直接與經濟掛鉤,《野玫瑰》之被「留渝劇人」看中正是因爲這個劇本完全適合游擊演出小投資大回報的市場預測標準。

　　民營職業劇團在資金運作、設備管理、人員培訓、演出場地方面缺乏官方支持,在強大的生存壓力下其市場化手段就更爲靈活,從而也就滋生了一種依託民營職業劇團尤其是臨時劇團的特殊人物——戲劇掮客,所謂戲劇掮客是指這麼一些人:「他們沒有劇團,沒有演員,沒有場地,也沒有資金,什麼都沒有。他們就有一種本事——能鑽到圖書雜誌審查委員會去把劇本通過。劇本通過了,他們就找這個劇團的三個人,那個劇團的五個人,借燈光,借布景,湊成一臺戲。他們不花本錢,美其名曰『打游擊』。」〔註15〕戲劇掮客在戲劇市場中扮演了很重要的角色,他的好處是可以打通關節通過劇本審查,也可以先期籌措戲劇排演需要的資金。劇團工作者多是藝術人員,社會關係不廣,處理社會事務的能力不強。戲劇掮客在很大程度上幫助劇團處理外部事務,協調複雜的社會關係,應付繁瑣的辦事環節,相當於劇團的經紀人,劇團負責人也能因此而省卻不少麻煩,專注於劇團內部事務,這未必不

〔註13〕劉念渠,重慶抗戰劇運第五週年巡禮〔J〕,戲劇月報,1943,(1)。
〔註14〕劉念渠,重慶抗戰劇運第五週年巡禮〔J〕,戲劇月報,1943,(1)。
〔註15〕陳白塵,抗戰文藝與抗戰戲劇〔A〕董健、陳白塵論劇〔C〕,北京:中國戲劇出版社,1987。

是好事，掮客從中獲利本無可厚非。然而，多數戲劇掮客並非藝術工作者，他們只是把戲劇演出當作賺錢工具，從中贏取厚利，自然談不上社會責任感，也傷害了藝術工作者的利益，使得批評家深恨其給劇壇「帶來了強烈的市儈氣息與功利臭味，極端的粗製濫造與欺騙觀眾的作風。」〔註16〕不過，既然有眾多的戲劇工作者趨之若鶩，至少說明其商業報酬比正規劇團多，演員具有了在官方演出與臨時演出中選擇的自由。

抗戰後期大後方民營職業劇團的崛起說明了三點：1、顯示了戲劇發展強大的生命力，使戲劇在一定程度擺脫了政黨意識形態的控制。自然，有些民營職業劇團的成立也有一定的政治背景，但是它們整個運作機制是市場運作機制。且難能可貴的是，它們既注重票房價值，也注重藝術追求，還主動擔負宣傳抗戰、教育民眾的時代任務。2、意味著戲劇發展已經到了商業運作的成熟時期，它與官辦劇團相互補充，豐富了大後方民眾的文化生活，造成大後方戲劇發展的良好勢頭。3、職業化一旦脫離了職業道德和藝術追求，便會與商業化、拜金主義聯袂而行，它所帶來的功利與市儈的氣息成為戲劇健康發展的一種障礙。

四、噱頭的盛行

對市場的適應意味著戲劇必須面對以「大眾」為主體的巨大人群，在近代社會，「大眾（mass\the masses）」的產生與工業化、都市化、教育的普及化、政治的民主化和經濟的市場化有密切的關係。「從 15 世紀起，mass 一直被廣泛使用。最接近詞源為法文 masse 與拉丁文 massa——意指可以用來鑄造的一堆材料（其詞源意涵也許是指捏麵團），並進而擴大指涉一大堆材料。我們可以看到其演變出兩種明顯的意涵：（1）沒有定型的、無法區隔的東西；（2）一個濃密的集合體。」〔註17〕可見，在西方，大眾最早是指那些沒有明確統一的精神信仰卻能影響和制約社會經濟發展的烏合之眾。在中國，大眾更多是作為政治弱勢群體在強調文學的階級性時發出一種正義的呼聲，或作為文化弱勢群體在思想啟蒙中被重視，在中國現代知識份子的文化辭典中，大眾

〔註16〕陳鯉庭語，見《關於游擊作風的意見》，載《演劇藝術》1945 年第 1 卷第 1 期。

〔註17〕〔英〕雷蒙・威廉斯，關鍵字：文化與社會的辭彙〔M〕，上海：三聯書店，2005。

似乎並不包括那些受過教育、具有文化消費能力、而又沒有崇高精神追求的消費群體，然而，一旦進入面對市場，這些具有現代意義的大眾消費群體在休閒和消費方式上的好惡會形成一種實實在在的消費指南，讓文化生產者不得不根據他們的消費需求製定和調整既定計劃。

抗戰後期，由於民營職業劇團的出現，市場競爭加劇。在重慶，有時候一天就有幾齣好戲同時開演，1942 年中藝的《大地黃金》與中電的《秋收》同天開演，1941 年 12 月《閨怨》與《遙望》分日場夜場同天演出，1942 年 3 月和 4 月《野玫瑰》和《屈原》先後在國泰上演，形成了互相競爭的局面，這裡有導演的競爭、演員的競爭，但是歸根結底還是觀眾的競爭，什麼樣的戲才能吸引觀眾成爲劇團排演劇本的首要考慮。總體說來，大眾審美文化的消費意向是休閒娛樂與輕鬆快樂，它不追求精英文化的批判反省與精神提高，也不會積極接受政治意識形態的灌輸和宣傳，它具有一種與權力鬥爭或理性沉思相對立的感性愉悅特性，它不是神聖的或精神性的而是日常生活的。〔註 18〕有什麼樣的市場需求就有什麼樣的藝術手段，誰也沒有權利把尋求快樂輕鬆的觀眾趕出劇場，於是，一些沒有深度精神追求的討好觀眾的花招也開始流行於劇壇。

這些討好觀眾的花招被劇壇人士稱爲「噱頭」。「噱頭」是上海一帶的方言，意爲嘩眾取寵、拿出花頭、開開玩笑。首當其衝的是劇本中的噱頭。杜宣曾經以抗戰劇本中「我們有位女同胞的大腿被飛機炸了，作者拿著血淋淋的慘痛，博觀眾一笑」爲例，反對「寄慘痛於哄笑」的唯「噱頭」主義。〔註 19〕當然，杜宣舉的例子可能並不合適，陳白塵就十分委屈地辯解說，反噱頭主義者「引了我《亂世男女》裏蒲是今在講『飛進一條女人大腿的故事』做例子，罵我一通：把血淋林的故事當作噱頭，眞是太無心肝！可是批評家弄錯了，那太無心肝的人是被我諷刺了人物蒲是今，而不該是作者。」〔註 20〕儘管杜宣所舉例子不當，但討好觀眾的花招盛行卻是事實。其次，促銷手段中的噱頭更是層出不窮。在《密支那風雲》中，劇團甚至動用了草裙舞與飛機降落隊等噱頭吸引觀眾。1944 年「中術」將曹禺的《鍍金》更名爲《鸞鳳和鳴》上演，對此，曹禺

〔註18〕王一川，大眾文化導論〔M〕，北京：高等教育出版社，2004。
〔註19〕杜宣，關於劇作上的唯噱頭主義〔J〕，戲劇春秋，1940，（1）。
〔註20〕陳白塵，《結婚進行曲》外序〔A〕，董健、陳白塵論劇〔C〕，北京：中國戲劇出版社，1987。

抱怨與從前大世界演他的《雷雨》改名為《父子同妻》的作風沒有差別。就連廣告中也不例外，獨幕諷刺劇《代用品》上演時，其廣告為：「她，嬌得可憐！懶得可惡！笨得可笑！俗得可恥！包你大笑兩個小時。詼諧處使你不笑也要笑！痛心處使你不哭也要哭！」用「包你大笑兩個小時」來吸引觀眾雖然不算過頭，但也有用噱頭吸引觀眾的嫌疑。

噱頭還可能包括演出時的機關布景、服飾場面以及演員滑稽逗樂的表演等。噱頭在演出中也不全然是壞作用，它能抓住觀眾的注意力，凝聚劇場氛圍，使用得好的噱頭猶如蔥薑蒜椒等調料能使戲劇這道大菜更有滋有味。但是一味依靠噱頭就可能導致劇團對演出藝術水平的忽視，也可能使一些嚴肅樸實的戲劇不能獲得演出機會，甚至在演出時候不顧劇情需要而嘩眾取寵，更會在舞臺上滋生突出自我表現的個人主義。而且，儘管在抗戰幾年之後，生活過分緊張，人們需要一種輕鬆的、不費思想的玩意兒來調劑緊張的生活，但這樣的觀眾也是最喜新厭舊的，沒有思想內容和藝術水平支撐的噱頭很快會因為俗套、油滑而被觀眾厭煩。

戲劇中的噱頭本不足為奇，但抗戰時期在噱頭與生意眼的背後湧動著市場與經濟的浪潮，它像一隻無形的手撥動著戲劇界敏感的神經，遭受過極端經濟壓力的話劇太需要市場認可了，而巨大的經濟壓力也迫使劇團必須重視市場的需求，這「不是專門著眼於生意經，也不是什麼商業化不商業化，成本過重，劇團三五十人生活必須維持，一個戲的演出是否可以收支相抵，則是今天的演出者不能不加以考慮的問題。曲高和寡的演出不是冒險就是出於認識的錯誤。」〔註 21〕看重市場需求是戲劇成為成熟藝術形態的標誌，只是它的成長之路總是彎曲的，為了獲得市場青睞也付出了媚俗的代價。總體而言，著眼於生意眼和噱頭的市儈風氣遭到批評家的一致反對，但經濟正逐漸上陞為一種重要的社會力量左右了戲劇發展的趨向，這又是所有戲劇從業者不能否認的事實。

在某種意義上，抗戰時期大後方戲劇的市場化一定程度地呈現出民國文學機制的生動性與豐富性：大後方的劇運由高臺教化轉向日常化、情感化，劇團不再是自掏腰包由意識、志趣、感情相投而結合起來的愛美劇團，而是明明白白用票房收入來支付演職人員薪水的商業機構了。高臺教化提升了話劇的社會地位，同時又將其生存條件與生存意義割裂開來，市場化則使戲劇

〔註21〕劉念渠，堅持工作爭取工作〔J〕，戲劇時代，1944（2）。

運動重現盈利需求和娛樂因素，它對戲劇運動最大的影響就是運動消逝，職業凸現，這當中禍福相依，但它對戲劇高臺教化的解構是明顯的。商品屬性和意識形態屬性是戲劇同時具有的特點，任何一個屬性過多膨脹都會打破藝術與市場中應有的平衡。在某種意義上，市場化打破了因過度強調教誨作用而趨於僵化的戲劇發展格局，戲劇發展開始呈現多元化的發展勢頭。由於學識有限，本文未能就市場化與其他因素（如政治、法制、教育、城市建設等方面）的相互作用進行思考，這些內容將在今後成為筆者持續研究的課題。

【作者簡介】

　　傅學敏，西華師範大學文學院副教授，博士，主要從事中國現當代文學研究。

柒、茶馬互市經濟與湟源新學詩

卓　瑪

摘　要

　　晚清及民國時期，湟源在茶馬互市經濟中佔據重要地位,並保障了當地教育水平的提高。湟源新學詩與地方經濟發展及教育之間有內在的聯繫。由於社會發展，新學詩在不同層面上反映了這種社會變化，從一個微小的側面印證了中國詩歌從古典向現代流變的內部變化。

關鍵字：茶馬互市經濟，湟源教育，新學詩

湟源，今屬青海省省會西寧市轄縣，距青海省會西寧 50 公里。「古爲羌人居地，西漢始置臨羌縣。……唐屬鄯城縣。至德二年（757 年）爲吐蕃佔領，……清雍正三年（1725 年）劃歸西寧縣。道光九年（1829 年）分置丹噶爾廳。民國 2 年（1913 年）改爲湟源（湟水源頭之意）縣。」〔註 1〕藏語稱「東科爾」，蒙古語稱「丹噶爾」，這一命名在蒙藏民族那裡沿用至今。

一、茶馬互市與環海商都

湟源地處青藏交通要道，是從內地經青海進入西藏的必經之路，素有「海藏咽喉」、「海藏通衢」之稱。湟源地處群山環抱之中，也叫「湟源峽」。所屬三峽爲：西石峽、藥水峽、巴燕峽，三峽地勢險要，自漢以來一直在開山劈道，故有「扼『唐蕃古道』險塞，據『絲綢輔道』要衝」〔註 2〕之說。湟源西面的日月山是青海農業與牧業的分水嶺。這一地理位置的獨特性使湟源成爲歷史上重要的貿易市場。據《青海歷史紀要》載：「唐開元十九年（731 年），唐與吐蕃商定交馬於赤嶺（今日月山），互市於甘松嶺（今四川松潘縣境）」。〔註 3〕茶馬互市極大推動了赤嶺一帶的貿易活動，推動了唐蕃雙方的經濟發展。清雍正二年（1724 年），「清政府平定了以羅布藏丹津爲首的部分青海厄魯特蒙古貴族的反叛活動，結束了自十七世紀三十年代以來和碩特蒙古在青海草原割地而據的狀態，在政治上最終將青海蒙古各部及其所屬的藏族各部完全納入了清王朝的統治體系之內。」〔註 4〕出於對蒙古各部與內地經濟聯繫的監督和控制的需要，雍正五年（1727），清政府在丹噶爾築城，次年竣工。赤嶺一帶的茶馬互市移至城內進行。伴隨和碩特蒙古的失勢，清政府將距西寧二十多公里的多巴（今湟中多巴）茶馬貿易市場西移至丹噶爾，進一步促進了經貿發展。雍正十三年（1735 年），茶馬互市取消，「邊茶貿易」制度出現。對於「邊茶貿易」的出現，藏學專家格勒認爲：「由於交通和經濟的發展以及漢藏交流的增加，進入茶馬古道沿線的商品種類大幅增加。藏族對茶葉的需求有增無減，同時對其他產品如絲綢、布料、鐵器以及生產生活資料等商品的需求也開始增加；而內地對藏區的皮革、黃金以及蟲草、貝母等珍貴

〔註 1〕 湟源縣志編纂委員會編：《湟源縣志》，陝西人民出版社 1993.1。
〔註 2〕 湟源縣志編纂委員會編：《湟源縣志》，陝西人民出版社 1993.1。
〔註 3〕 轉引自湟源縣志編纂委員會編：《湟源縣志》，陝西人民出版社 1993，273。
〔註 4〕 杜常順：《清代丹噶爾民族貿易的興起和發展》，《民族研究》1995.01.61。

藥材有更大需求。這樣，漢藏之間的貿易範圍更加廣泛，『茶馬古道』沿線的民間貿易更加繁榮。」〔註5〕自由貿易市場的形成，吸引了來自四川、山西、陝西、湖北、甘肅等地的商販、工匠、藝人，來自牧區的皮毛、藥材、礦石、鹽，內地的茶、糖、布匹、綢緞、瓷器和丹城本地的鐵木、銅器、皮靴等商品雲集一處，年貿易額平均高出西寧六、七倍，平均達到 250 萬兩。商務漸盛，「蒙古、西番、藏番、玉樹各商之貨皆聚於丹邑，毫無他泄」〔註6〕光緒二十六年（1900 年），一批海外商行進駐丹噶爾，主要經營皮毛生意，這揭開了丹城國際貿易的序幕，也使得民族貿易得以進一步發展：「藏番之貨，西泄於英吉利、印度之商；玉樹遠番之貨，南泄於打箭爐、松茂之川商；蒙古近番之貨，北則甘、涼、瓜、沙，南則洮、岷、河州，無所不之。」〔註7〕獨特的地理位置和交通要衝的地位，加之幾百年來的頻繁貿易，使丹噶爾享有了「環海商都」的美譽。

民國以來，湟源的商都經濟得到進一步發展。據統計，民國初年，湟源從事商業經營者有 1364 人，從事手工業者達 1124 人。〔註8〕而光緒三十三年（1907 年）的人口統計為 4120 戶、22484 人。〔註9〕湟源地處高寒，多峽谷，少耕地，商貿活動大大彌補了地方經濟的不足，提升了當地的社會發展水平。在頻密的經貿活動中，出現的以下幾種特有的經濟活動從業群體能更好地說明湟源茶馬經濟的特點。

歇家。「歇家」一詞，較早見於明代文獻。《丹噶爾廳志》記載：「開歇店以招住蒙番者，蒙番貨物皆歸歇店買賣」。〔註10〕歇家就是指領有官照，熟悉蒙古族、藏族生產生活方式，精通民族語言，專門接待蒙藏牧民，幫助存放其商品，圈養其運輸牲畜，代理買賣貨物的中間商，有時他們也直接收購，囤積居奇。

〔註5〕 格勒：《從「茶馬互市」到「茶馬古道」》，《人民日報海外版》，2003 年 2 月 26 日第八版。

〔註6〕 【清】楊景升纂、張庭武修：《丹噶爾廳志》卷五，十五，官報書局排印，宣統二年，中國西北文獻叢書編輯委員會編：《中國西北文獻叢書》第五十五卷，蘭州古籍書店，1990，848，句讀為筆者所加，下同。

〔註7〕 同上。

〔註8〕 湟源縣志編纂委員會編：《湟源縣志》，陝西人民出版社 1993，274。

〔註9〕 湟源縣志編纂委員會編：《湟源縣志》，陝西人民出版社 1993，93。

〔註10〕 【清】楊景升纂、張庭武修：《丹噶爾廳志》卷五，十八，官報書局排印，宣統二年，中國西北文獻叢書編輯委員會編：《中國西北文獻叢書》第五十五卷，蘭州古籍書店，1990，849。

他們還兼具保人角色，負責貿易雙方的擔保。由於領取「官照」，他們還需負責監督來丹人員，監督蒙藏糧茶貿易。因為掌握皮毛經營權等權力，各地商人均得通過歇家進行貿易，不可逾矩。民國初年，據說有名的歇家有四十八家，如德義興、福興連、忠信昌、榮盛魁、恭信昌等。一戰結束後，伴隨國際市場對羊毛的需求量大增，之前受戰局影響的洋行重振精神，「除原有 7 家天津洋商外又新增加英商仁記、俄商美最時、瓦利、華北四家。」〔註11〕代理洋行生意的歇家更具有了買辦資本家性質。

牙行。與歇家不同，牙行是以行業身份出現的各行業經紀。民國初年，湟源共有各類牙行十餘個，有羊毛秤行、斗面行、山貨過載行、牛羊牲畜行、裘皮行等牙行經紀近 40 戶。他們在貿易雙方之間居間介紹，評定貨物等級，協助商議價格，成交後由牙行過秤結算，以此收取傭金，深得買賣雙方信任。牙行的應運而生樹立了商業誠信，為湟源的經貿活動注入了活力。〔註12〕

藏客。藏客的出現與藏區貿易相關。清代，每年西藏的氆氌、藏香、藏經、乾果、藥材等商品運至丹城後又由藏客運至西寧、北京等處銷售。民國 10 年（1921 年）前後，政府允許西藏噶廈政府在丹噶爾南城購置房產供藏商居住，隨著貿易深入，湟源進藏客商（稱為藏客）開始進藏貿易。藏客採辦騾馬、生活用品、酒、瓷器、槍支等進藏，雖然路途遙遠，一路險阻，但如能順利抵達，則獲利頗豐。他們還從西藏進入印度、尼泊爾等國經商。在西藏，藏客被視為黃教創始人宗喀巴故鄉的人，普遍受到西藏人尊敬，給予他們諸多便利。藏客一度對丹噶爾的經濟產生了很大的促進作用。

手工業者。湟源的手工業有「二院八坊十四匠」之說。「二院」是指製革的缸院，翻砂的爐院；「八坊」指粉醋、掛麵、豆腐、油磨、酒坊、煙坊和染坊；「十四匠」是指銀匠、鐵匠、銅匠、石匠、木匠、靴匠、鞋匠、氈匠、皮匠、裁縫、口袋匠、褐匠、蠟匠及泥水匠。民國十五年（1926 年）時，手工作坊達到 200 餘家，從業人員 1100 餘人。光緒末年時，手工業者所創造的商品價值已達 6、7 萬兩白銀〔註13〕。諸多作坊和手工業者豐富了湟源的地方經濟形態。

〔註11〕 湟源縣志編纂委員會編：《湟源縣志》，陝西人民出版社 1993，274。
〔註12〕 參見任玉貴：《滄桑歲月的記憶‧湟源史話（中）》，中國文史出版社 2008，311。
〔註13〕 有關統計見任玉貴：《滄桑歲月的記憶‧丹城風韻（上）》，中國文史出版社 2008，249。

各類商業從業者出現，諸多經濟實體形成，經濟活動頻繁，因此在民國元年（1912 年）至民國 14 年（1925 年）貿易鼎盛時期，湟源年貨物集散量達到 8000 噸左右。民國 16 年（1927 年），羊毛集散量達到 375 萬公斤，資金總額達白銀 500 萬兩以上。以民國 20 年（1931 年）為例，湟源縣政府年財政收入為 406262 元。湟源因其重要的商埠重鎮地位，被譽為「小北京」。

二、環海商都與教育

經濟的發達，帶來社會的進步、教育的發展。就湟源新學詩出現的晚清、民國早期來看，湟源的教育水平相對高於其他地區。

清朝自康熙、雍正時開始在丹噶爾設立義學，至民國初年，計有義學 12 所，教學質量較高，據《丹噶爾廳跨考西寧縣學序》中記載：「丹邑文學，何亞於循、貴，亦何亞於西、碾、大通哉？」〔註14〕。

民國時期，湟源的整體教育水平較高。自民國 5 年（1916 年）起，湟源先後設置了勸學所、教育局、教育科等官方教育機構。在這些機構和民間人士的努力下，教育活動得到較為全面的開展，有義學、幼稚班、小學教育、師範學校、畜牧職業學校、平民業餘學校等，教育經費來源有教育基本銀、收息銀、義倉息糧變價銀、皮毛店行承納學費銀、學田糧租折銀等，以民國 15 年（1926 年）來看，年教育經費收入為 0.55 萬元。民國 20 年（1931 年），原民政廳廳長王玉堂在《視察湟源縣史治報告書》中記載：「查該縣城關地區各學校原有地方教育基本銀二萬六千一百九十一元，……此外尚有常年在義倉息糧項下撥充雜糧三十八石尚未支領，刻難計算，又有皮毛店行承納一成學費銀約計七百餘元，此係以昨年所收計算。」〔註15〕以這個資料來看，湟源當時的教育經費是比較寬裕的。

環海商都經濟的發展保證了教育投入與發展。湟源政界、商界人士對湟源教育起到了重要的推動作用。他們中的一些人作為湟源當時知名的知識份子在積極推動地方教育的同時，也以自身努力實踐著新文化帶來的影響。

丹噶爾廳同知封啟雲曾親自為士子講授策論，深受民眾擁戴，光緒二十九年（1903 年）卸任。湟源知事陳澤藩民國 6 年（1917 年）到任後就開始發動當地鄉紳商人，捐資助學。於民國 9 年（1920 年）落成縣立高等小學堂，

〔註14〕 轉引自湟源縣志編纂委員會編：《湟源縣志》，陝西人民出版社 1993，528。
〔註15〕 任玉貴：《滄桑歲月的記憶・湟源史話（中）》，中國文史出版社 2008，417。

學校建築陳設十分講究，至今仍在使用。清末貢生楊治平，出身靴匠家庭，二十歲左右就設館授課，主張興辦教育，培養專才，實業救國，參與第一縣立小學堂、文廟、勸學所籌建，民國 15 年（1926 年）任教育局長，大力發展基礎教育、職業教育。他還編纂了《丹噶爾廳志》八卷〔註 16〕。名士朱繡，其父爲靴匠，父親去世後做了商鋪夥計，勤學不輟，思想新銳，被《京報》主編邵飄萍評價爲：「朱君錦屏，乃今世奇才異能之士，與余爲刎頸之交。」〔註17〕他在參與地方政治的同時投身教育，民國 16 年（1927 年），寧海番蒙師範學校改名籌邊學校，設有毛編職業學科、養羊學、森林學、礦物學、藏語、英語等實用課程，朱繡擔任校長，對當地職業教育付出很多心血。民國 15 年（1926 年）經朱繡動員，湟源富商，著名歇家李耀庭捐銀一萬兩，作爲教育基金。湟源名士石殿峰矢志教育，先後在湟源縣立小學執教、在第二職業學校、女子師範學校任校長等職。他長期擔任國文教師，專長文史，育人無數。

三、湟源新學詩的特徵

這一時期的教育制度具有相對獨立、中西結合的現代教育性質，學科設置與分類仿傚了西方制度，當時的地方知識份子在教育制度的設計中貫穿了自己的教育理念，強調教育的實踐性。教育水平的高低對地方文化事業的發展影響重大，這一時期形成的教育制度成爲新文化與文學生長的重要條件之一。在文學方面，由於湟源知識階層受到很好的傳統教育和新學影響，因而晚清及民國時期，湟源的部分新學詩從一個側面反映了現代新詩在其前發生期的面貌。

與譚嗣同、夏曾祐、梁啓超在 1896 至 1897 年之間創作的新學之詩不同的是，湟源新學詩在創作時間（相對較晚）、形態、語彙、韻律等方面都有自己的特點。

「邊塞詩」的新學詩形態。湟源的新學詩對湟源耕牧並舉、重視商業的經濟形態有一定程度的反映。同時，由於詩歌所具有的寫景、抒情的傳統，湟源新學詩在某種程度上是「新邊塞詩」。以下面幾首詩爲例：

〔註16〕任玉貴：《滄桑歲月的記憶‧環湖行蹤（下）》，中國文史出版社 2008，49。
〔註17〕邵飄萍序：《西藏六十年大事記》，轉引自趙宗福：《青海歷史人物傳》，青海人民出版社 2002，298。

封啓雲《秋日登樓（七律）》
　　層樓高聳鬱嵬嵬，西望河源障塞開。
　　鳥動歸心連野外，雁隨秋色度關來。
　　千家山郭依嵐翠，昔日沙場鬪草萊。
　　惆悵南滇懷故國，笛聲猶自傍人哀。

封啓雲《立秋（五律二首）》
　　落葉敲窗頭，邊庭報早秋。四圍山色改，三徑菊花稠。
　　砧杵誰家急，園林到處幽。鄉心今倍切，惆悵上高樓。
　　邊塞無煩暑，西風倍覺寒。馬餐邊草壯，人怯葛衣單。
　　野水波翻白，楓林葉變丹。悲秋蟬最苦，吟到月將殘。

封啓雲《登北極山歸得（七律）》：
　　登山把酒快臨風，絕塞全憑一道通。
　　千里雲煙飛眼底，萬家憂樂繫胸中。
　　雄關烽淨滅餘焰，大海波平涵遠空。
　　乘興漫遊歸向晚，滿街燈火已初紅。

張兆珪「丹城八景」之《南屏積雪》：
　　雪積天山六月寒，玉屏列座畫中看。長橫氣瑞運青海，峻嶺插霄作
　　壯觀。

張兆珪「丹城八景」之《日月古跡》：
　　山高嵼岉接天光，河水倒流一線長。鄭重華夷分界處，東通城邑西
　　氐羌。〔註18〕

以上幾首詩兼具邊塞詩與羈旅詩的抒情風格。「邊關」、「絕塞」、「征衣」、「游
子」的邊塞詩、羈旅詩的詩歌元素充斥其中。從這幾首詩看，很難將其與「民
國」這個現代國家構建的時代相聯繫，可是，這又表達出文學史發展的曲折
性。民國時期，在絕塞邊地，羈旅、鄉愁仍然是此時詩歌的基本主題，這是
古典詩歌的抒情慣性使然，也是此類詩歌獨具的美感使然。從文化地理學的
意義上看，中原之外的邊地永遠是詩人眼中遙遠的他鄉，這種自古而來的抒
情定勢使當時湟源新學詩的詩人即使是本地人士，也不免會以「他者」眼光

〔註18〕　【清】楊景升纂、張庭武修：《丹噶爾廳志》卷七，四十、四十一，官報書
　　　　　局排印，宣統二年，中國西北文獻叢書編輯委員會編：《中國西北文獻叢書》
　　　　　第五十五卷，蘭州古籍書店，1990，892～893。

看待故土，這種詩歌中的「他觀」現象實際是邊塞、羈旅抒情傳統在詩人詩歌思維中的板結。另一方面，邊塞、羈旅抒情傳統中的悲情意味很容易與古典詩歌抒情的悲劇意味結合在一起，形成古典詩歌傳統故有的抒情趣味，這也是湟源新學詩人在題材、風格選擇方面的內驅力。此外，湟源乃至青海地處偏遠必然導致交通不便，信息不暢，因而內陸伴隨交通便利而漸漸喪失的離別之痛在邊地湟源仍然刻骨銘心，這也是邊塞、羈旅主題在湟源新學詩中仍具生命力的原因。

民族語彙的使用。擅用新觀念、新辭彙是新學詩的主要特點，譚嗣同的「綱倫慘以喀私德，法會盛於巴力門」就是以外語音譯辭彙入詩的典型。不同的是，湟源新學詩則多以民族語彙入詩。湟源的民族由漢族、藏族、蒙古族、回族和少數土族構成，漢族除外來人口之外，有許多與當地藏族、蒙古族通婚融合。藏族在翻越日月山東遷後，牧而兼耕，多數為東科爾寺佃戶，稱「家西番」，他們逐步漢化，與當地人互通婚姻，甚至用漢姓，行漢俗。蒙古族的情況也是如此。此外，由於湟源在茶馬互市經濟中的地位，漢、藏、蒙古語在當地通行，這種民族及民族語融合的特點使得湟源新學詩中有部分民族語彙出現。

如楊治平《湟源》一詩：

治亂循環無始終，丹津走後戍樓空；

郡開西域述前代，地表東科擬古宮。

萬里經商勤遠略，千夫尚武驗邊風；

鍾靈毓秀英賢繼，大好河山似鏡中。〔註19〕

詩中「丹津」指的是蒙古貴族羅布藏丹津，「東科」指東科寺，也指湟源舊稱。這兩個詞語都是民族語彙，但詩人卻將其入詩，這與當時以宗教語彙、外語入詩的風氣相比，在當地是相對容易被讀者理解的，也在某種程度上豐富了當時詩歌的語料庫。將此詩與羅家倫來青視察時所寫的詠湟源詩相比，就可以看出楊治平此詩語彙的特別。羅家倫《詠湟源古城》：

山容敷薄粉，霜葉染殊紅。

寒林如墨畫，清溪委婉通。〔註20〕

〔註19〕何平順：《楊志平與〈丹噶爾廳志〉》摘自新華網：青海頻道：青海文史資料集萃製作單位：新華網青海頻道。

〔註20〕湟源縣志編纂委員會編：《湟源縣志》，陝西人民出版社 1993，553。

此詩深得古典詩歌的音韻及描寫方式，但似乎無法深入到丹城內蘊的書寫，只是浮光掠影式的感受，作爲同題詩，楊治平的詩作因爲民族語彙的運用而似乎更爲遒勁，更具邊風。

　　音韻的越界。音韻是詩歌外在的標誌和內在的生命。相對於古典格律詩對音韻的嚴格要求，新學詩已做出些許的改變。封啓雲《登北極山歸得（七律）》：

　　　　農忙訟簡夏天長，挈伴登臨共舉觴。

　　　　叱犢群耕高隴地，牧羊人坐亂山岡。

　　　　西峰雪積千秋白，南陌柳抽四月黄。

　　　　自盼公餘閒暇日，又尋父老話滄桑。

　　封啓雲《登北極山歸得（七律）》：

　　　　朦朧倦眼對花開，作吏人非百里才。

　　　　撫字無能終愧祿，觀山有興獨登臺。

　　　　農桑責重須防惰，閭里情同幸不猜。

　　　　最愛此邦風近古，聊將濁酒醉千杯。〔註21〕

這兩首詩中的「牧羊人」、「作吏人」以三音節形式打破詩歌中單音節和雙音節的構詞方式，與前後句的動賓結構相比，整首詩的語義節奏因三音節的出現而被打亂，整個詩歌節奏顯得有些散漫，不夠嚴密，這也是新學詩對古典詩歌過於注重音韻的一種反撥。

　　下面兩首詩表現出更爲自由的一種音韻狀態。余永年《偶令二首》，諷刺了馬步芳力倡植樹之舉，實際卻大肆擾民的事實：

　　　　樹木樹人同善政，如戕其大奈之何？

　　　　佩觿稚子沿街走，黄髮頻遭吏叱呵。

　　　　一株小樹中人產，吏捉丁中逮老翁。

　　　　八日啼饑渾不聞，晨興種到日斜東。

余永年《題〈上海血戰〉冊子》，表達遠在邊地的詩人對抗戰的痛切感受：

　　　　迷天煙霧哭吳淞，血影青嶙夕陽中。

　　　　父子漂泊陰南北，朋親音問絕西東。

　　　　此亦《揚州十日記》，男兒皆須挽強弓。〔註22〕

〔註21〕封啓云詩見任玉貴：《滄桑歲月的記憶・丹城風韻（上）》，中國文史出版社2008，396〜398。

〔註22〕任玉貴：《滄桑歲月的記憶・湟源史話（中）》，中國文史出版社2008，323。

這兩首詩基本上以「二音尺─二音尺─三音尺」爲主，但「如戕其大奈之何」、「此亦《揚州十日記》」兩句卻改變了音步，使音頓出現錯落，體現出新學詩在音韻方面相對自由的變化。

張世順的《思雲亭》也是一個音韻相對自由的呈現：

> 雲若有所思，吾亦有所思。
>
> 吾思雲自喻，雲思吾不知。〔註23〕

格律詩很少重字，但這首詩每行均有「思」字，這種異位重字的運用使新學詩在音韻上相對靈活。

湟源新學詩與湟源在青海省內相對較高的教育水平密切相關，而民國時期湟源在茶馬互市經濟中的重要地位，地方經濟的發展是當地教育水平得以提高的重要基礎。因此，湟源新學詩與地方經濟發展之間有內在的聯繫，同時，由於社會發展，新學詩也在不同層面上反映了這種社會變化，最重要的是，湟源新學詩從一個微小的側面印證了中國詩歌從古典向現代流變的內部變化。

【作者簡介】

卓瑪（1973～），女，藏族，青海省天峻縣人，青海民族大學文學與新聞傳播學院副教授，現爲北京師範大學文學院現當代文學專業在讀博士研究生，研究方向爲少數民族及藏族文學研究。

參考文獻：

1. 【清】楊景升纂、張庭武修：《丹噶爾廳志》卷五，十五，官報書局排印，宣統二年，中國西北文獻叢書編輯委員會編：《中國西北文獻叢書》第五十五卷，蘭州古籍書店，1990.

2. 湟源縣志編纂委員會編：《湟源縣志》，陝西人民出版社 1993.

3. 任玉貴：《滄桑歲月的記憶·丹城風韻（上）》，中國文史出版社 2008.

4. 任玉貴：《滄桑歲月的記憶·湟源史話（中）》，中國文史出版社 2008.

5. 任玉貴：《滄桑歲月的記憶·環湖行蹤（下）》，中國文史出版社 2008.

6. 趙宗福：《青海歷史人物傳》，青海人民出版社 2002.

7. 杜常順：《清代丹噶爾民族貿易的興起和發展》，《民族研究》1995，01.

〔註23〕 【清】楊景升纂、張庭武修：《丹噶爾廳志》卷七，四十，官報書局排印，宣統二年，中國西北文獻叢書編輯委員會編：《中國西北文獻叢書》第五十五卷，蘭州古籍書店，1990，892。

附　錄：

壹、「民國經濟與文學」學術研討綜述

王永祥

（四川大學　文學與新聞學院，四川　成都　610064）

中國現代文學史一直處於有關性質和意義命名的焦慮中。從相對於古典文學的「新文學」之新的強調；啓蒙論與階級論相抗爭的「現代文學」命名；凸顯文學自主性的「二十世紀中國文學」；再到寬泛而模糊的現代性視角的引入。現代文學史幾乎在關於自身性質與價值判斷的不斷更新中，既釋放出歷史闡釋的巨大活力，又在命名的不穩定性中包含著自我顛覆的危機。

面對這樣的困境，我們唯一的出路就是重回歷史現場，梳理出自身的歷史生成究竟具有怎麼的運作機制，重新爲自身的命名奠定堅實的歷史依據。循次思路進入歷史，一個顯在的事實是：中國現當代文學育身於兩個具有不同歷史生成機制的時段當中，即「中華民國」和「中華人民共和國」。正是有了這樣兩個不同的時段，爲重新進入歷史提供了可能性，在相互參照和相互發明中爲我們探究中國現代文學發展的諸多癥結留下了極大闡釋空間。其中的癥結之一就是經濟與文學的關係。民國時代恰好處在傳統農業經濟和高度體制化的社會主義集體經濟之間，中國文學正是在這樣歷史關聯中完成了自己的轉型。民國時代的作家有了怎樣的現代經濟生存體驗、以現代出版傳媒爲基礎形成的文化市場爲作品的流通提供了怎樣的生存空間、被捲入世界市場的中國爲作家形成了那些有別於傳統的現實興奮點、現代經濟體制怎樣激發人又如何壓抑人、經濟作爲社會存在的要件之一又怎樣賦予現代文學別樣的審美意味？西川論壇的同人們正是帶著這樣的疑問，於 2011 年 12 月 18 日至 19 日，在雲南蒙自的紅河學院，召開了「民國經濟與現代中國（雲南）」研討會（西川論壇第一屆年會），開啓自己的學術探尋之路。

論壇討論的第一個主題，就是作家在現代社會中的經濟狀況和他們文學創作之間有著怎樣的關聯。王學東在《試論民國時期作家的「經濟意識」》中，

以魯迅為中心，認為現代作家以自己生存體驗為基礎，在他們的「經濟意識」中，他們一方面以「中性金錢觀」贏得生命存在的基本條件，另一方面他們又在爭取「經濟權」的劇烈戰鬥中，釋放出獨立、自由的精神品格。而正是圍繞經濟權的搏鬥中，不但完成了知識份子的現代轉型，而且在開闢現代新人生的過程中，為如何「立人」提供了新的思考空間；李金鳳在《郭沫若的經濟生活與早期文學創作》中，詳細考察了經濟生活的窘境怎樣限制和激發了郭沫若的創作，而郭沫若的文學創作又怎樣反作用於自己的經濟狀況，從而為我們理解現代文學家別樣的人生歷程提供了一個新視角；王玉春在《「五四」生存語境的詮釋與重構》中，考察了現代作家開啟的「生之艱」啟蒙現代性敘事與自我生存困境形象建構之間關聯，而近年來以陳明遠為代表的當代學人對以魯迅為代表的現代作家們，「年可坐得版稅萬金」的知識份子的經濟狀況與生存狀態的細緻考察。為我們理解五四文學提供了多重的經濟視角，從而豐富了我們理解五四文學話語的多重歷史邏輯內涵。研究者不但關注了文化中心經濟狀況和作家創作的多重聯繫，而且對邊地少數民族地區的經濟狀況和文學發展也作出了開拓性的發掘。胡昌平的《民國時期新疆經濟政策與文學發展》，考察了民國時期不同階段新疆經濟政策的調整和文學生產之間的聯繫；卓瑪的《茶馬互市經濟與湟源新詩學》中，考察了青海湟源經濟繁榮和湟源新詩學形成之間的互動關係。

中國文學之所以能完成現代轉型，和以出版傳媒為基礎的文化市場的形成密不可分。現代出版傳媒徹底改變了文學生產、流通、接受、傳播的方式，使得文學創作作為一種現代職業成為可能。那麼通過對文化傳媒市場的考察探討民國時期的經濟運作與文學之間的關係，就是理解現代文學生產空間的必由之路。與會者從晚清民初公案狹義小說與出版業的互動效應、早期《小說月報》影響力中的經濟因素、稿費收入影響下的文人心態的轉型、廣告宣傳與作品傳播、一直到抗戰時期的戰時經濟與文學創作轉型、文學作品的商品屬性與經典建構之間的關係等問題做了深入的考察。

如果說人生境遇中的經濟問題和作品流通的文化市場是現代社會中文學生產的必然遭遇的話，那麼民國歷史中經濟波動的歷史情境，使經濟成為文學創作和自身塑形無法繞開的問題，就更是我們必須關注的話題。1929 年代開始的世界經濟危機將中國捲入全球經濟的多重利益爭奪中，由此而來的中國社會的劇烈分化使得文學敘述和文學想像出現了新的歷史動向。從農村到

城市，圍繞經濟利益的爭奪與調整，所形成的話語權爭奪如何深度介入到文學自身的發展狀況，就成爲與會者探討的核心話題。鄔冬梅通過分析 1929～1933 年資本主義世界爆發的經濟危機和此後的大蕭條對民國經濟的衝擊，詳細考察了民國經濟危機與 30 年代經濟題材小說的興起。並分析了圍繞經濟敘事的左翼文學的興起，以及社會性質大討論中對作家寫作潛在的導引。認爲經濟題材的小說豐富了左翼文學的題材與主題，促進了左翼小說的發展，但「經濟破產——剝削反抗」的主題過於狹窄，限制了經濟題材小說豐富的表現與長久的生命力（《民國經濟危機與 30 年代經濟題材小說》）；布小繼則通過對民國政府應對危機經濟政策的歷史考察，指出偏狹的階級視角和歷史事實之間強化與遮蔽的矛盾（《1930 年代國民黨南京政府的農村經濟政策與小說敘述》；顏同林分析了三十年代經濟敘事與現代左翼小說的偏至傾向（《經濟敘事與現代左翼小說的偏至》）；李哲通過對《春蠶》的個案分析，在經濟、文本、歷史三個維度上分析了經濟敘事關涉的 1930 年代複雜的話語糾葛（《經濟文學歷史——〈春蠶〉文本的三個維度》）。

對於以經濟視角考察現代文學的學術理據與可能性，楊華麗在《中國現代文學研究的民國經濟視野——兼及對舊經濟方法論的檢討》做了深刻的反思和總結。認爲以「民國經濟」爲視角對中國現代文學進行研究，所設定的目標不在於梳理現代歷史中的政治紛爭，而在於對文學生產空間、文學中的人性內涵、文學表達的別樣方式進行更爲深入細緻的分析。

民國經濟視角作爲考察現代文學的一個重要維度，並非是一個爲了學術而學術的目的預設，其根本目的在於通過客觀而全面的歷史還原，爲發掘和建構「民國文學機制」找到堅實的歷史依據。正如李怡教授在《從歷史命名的辯證到文化機制的發掘——我們怎樣討論中國現代文學的「民國」意義》中所言：「新的社會形態（民國）中逐步形成的影響和推動文學新發展的種種的力量，或者說，因爲各種力量（政治體制、經濟模式、文化結構、精神心理氛圍等等）的因緣際會最終構成了對文學發展的肯定，同時在另外的層面上也造就了某種有形無形的局限」。經濟作爲民國機制中的重要維度，將在民國文化機制這一整體的研究框架中，和文學取得有機關聯。通過這樣的方式重返歷史現場，將我們從歷史命名的焦慮中解放出來，完成富有學理和史實依據的現代文學歷史化的學術使命，從而爲當下文學發展中出現的偏至提供富有歷史洞見的啓示。

貳、民國經濟與民國文學研究的問題 ——我的會議評議

范智紅

　　1980 年代中期，黃子平先生感慨於中國現代文學研究的方法論焦慮而打過一個似乎不那麼文雅卻異常貼切的比方，說「創新」就像一條狗，追逐在便便的小孩子身後，讓孩子始終在焦慮中左支右絀。從那時至如今，現代文學研究的「創新焦慮症」一直如影隨形，從未放鬆過對涉足這一研究領域的學生和學者們的逼迫。「民國」的概念進入研究視野，繼而試圖從「民國」內部探討「民國諸要素」與那個時代之文學的關係，在某種意義上，這一思路基本上仍然延續了我們對於研究方法的創新渴求。

　　從民國經濟的角度探討民國文學，看起來似乎應該是這個論題的題中應有之義，因為每一個時代和社會的文學活動都不可能是純粹精神層面的，它必定產生於並存活於具體的社會土壤之中，而經濟要素是社會的基本構成之一。我的問題是，是否每一個時代和社會都適合從經濟的角度討論文學的問題呢？換言之，一個時代的文學問題，是否都必定與那個時代的經濟活動有某種重要的因果關聯呢？

　　《文學評論》曾經參與和組織過「明代經濟與中國古代文學的轉型」研究，並且刊發過相應的研究成果。單單挑選「明代經濟」來研究經濟與文學的關係，這無疑是有原因的。回到「民國經濟」與「民國文學」的話題，是否「民國經濟」就天然地適合於做經濟與文學的關聯研究？具體到民國內部，民初直至 1920 年代末期，民國社會處於反覆的政權更替和地方割據狀態，1930 年代，在民國政府漸次製定一系列社會經濟法律制度的過程中，社會經歷了

一個短暫的準民主國家發育期，1940 年代則深陷於戰亂、政治權力角逐和意識形態對決，究竟哪一個時段更適合於我們做這樣的研究？具體到文學內部，究竟哪一些文學現象和問題會比較適用「經濟」的維度來解釋，而哪些會使我們陷入強作解人的尷尬呢？我以爲這個新方法不是自明的，更不是萬能的，需要我們從具體的事實和對象出發謹愼辨析，這是問題的一個方面。另一個方面，民國經濟與民國文學間的關聯，在不同的時期和不同的社會情勢中，其聯結方式並沒有固定不變的程式，不可能用經濟公式來代解文學問題，需要我們在大量的閱讀和分辨的基礎上用心去發現各自不同的、特定的聯結點，這樣才能不致泛泛而談或硬性捆綁，造成對於新方法的庸俗化使用。在這一點上，四川大學的李哲對於《春蠶》的解讀和綿陽師範學院的鄔冬梅老師對於 1930 年代經濟題材小說的分析給我留下了較深的印象。他們的研究看似區別很大，相對而言，前者是對一個文本個案的深度闡釋，後者是視野闊大的整體研究，但他們的工作有一個共同的起點，那就是對 1930 年代「經濟危機」這個關鍵點的有力抓取。這個定「點」的工作看似得來全不費工夫，但我相信功夫在詩外，它必定建立在大量閱讀史料和反覆思考的基礎之上。正是從這個「關鍵點」出發，他們展開了各自不同的出色的研究。所以我要說的是，作爲方法的「民國經濟與文學」，其工作的有效性和適用方式也許是有必要預先設計或限定的。

　　以上是我的第一個問題。

　　我的第二個問題是，經由「民國經濟與民國文學」的研究，我們的目標究竟是民國文學中的經濟問題、社會問題、法律問題或其他問題呢，還是民國文學中的文學問題？這個問題的提出，或許不免有幾分文學本質主義的嫌疑，但廓清研究的邊界會有助於我們集中注意力於自己更擅長的領域，如果我們的研究最終變成關於民國的經濟學研究、社會學研究、法學研究，我不知道這樣的工作相較於專業的專門史研究究竟價值幾何。當然，我也許最好對這個問題做一個限定，就是我可能習慣性地考慮到了《文學評論》的採稿要求，而個人的研究有時候完全可以不妨自由地發展一下，即便最後變成了文學之外的研究那又如何呢？未嘗不可。在這個問題上，我仍然要提到李哲和鄔冬梅的研究，因爲他們經由 1930 年代的「經濟危機」，回答的是與之相關聯的 1930 年代的一些重要的文學現象，分析的是這些現象之所以發生的重要根源，也就是說，他們研究的是民國的文學問題。反覆提到李哲和鄔冬梅

的研究，並不是說我不關注其他各位的文章和發言，只是因為時間的關係，在短短的兩天時間裡要看完並消化數百頁的一本論文集，幾乎是不可能完成的任務，只能憑藉自己的興趣和一些主觀看法進行一點選讀。但是，會議結束後我一定會仔細拜讀各位的研究，也歡迎大家和我們編輯部保持聯絡，讓我們有機會更進一步瞭解各位的工作。

可以說，我個人從本次研討會獲益匪淺，你們的思想的朝氣和對於現今學術體制的嚴肅思考，使得本次小型研討會完全區別於那些流於形式和表演的所謂學術會議，整個過程讓人倍感愉悅。衷心感謝會議的主辦方和論壇的發起人！最後，我還想特別感謝雲南師範大學的馬紹璽老師，雖然您關於九葉詩人的研究與本次會議的議題毫不相干，但是您讓我們意識到，70 年前誕生於雲南的那個著名的現代詩人群體，他們曾經迸發的靈感，他們對自然、對生命和時代的獨特感知與表達，也許並非完全來自現代西方詩藝，而是與此時此刻我們腳下的這片土地存在某種緊密的因緣，非常時期的「邊地體驗」，或許極有可能造就異鄉詩人經驗和感覺的特異化，從而使得對既有詩歌傳統的突破成為可能。我們對您未完成的工作充滿了期待，也因此對 1940 年代雲南天空下的氣象不由自主地多了一份想像。

參、「民國經濟與現代中國（雲南）文學」研討會

（西川論壇第一屆年會）

2011.12.17～12.21

雲南・蒙自

會議議程

主辦：四川大學現代中國文化與文學研究中心
　　　紅河學院人文學院
　　　西川論壇組委會
贊助：蒙自四通泰興供水有限公司
　　　紅河五里沖生態茶業有限公司

一、具體日程安排

日　期	時　間	事	備　註
12 月 17 日	13：30	昆明機場‧飛行大酒店	乘車到蒙自
	18：30	蒙自興盛大酒店	報到‧住宿
12 月 18 日	7：30～8：30	興盛大酒店	早餐
	9：00～9：40	紅河學院雅莊賓館大會議室	開幕式
	10：00～12：00		研討會第一場：問題與方法
	12：40～13：30	興盛大酒店	午餐
	14:00～18:00	紅河學院雅莊賓館	研討會第二場：歷史中的文學
	18:30～19:30	紅河學院雅莊賓館餐飲廳	紅河學院安排晚餐
12 月 19 日	7:20～7:50	興盛大酒店	早餐
	8:00～8:30	興盛大酒店——五里沖	乘車
	8:40～12:00	蒙自五里沖龍谷湖茶莊	研討會第三場：博士生論壇
			研討會第四場：作家、傳媒與經濟
			研討會第五場：文學經濟及其他閉幕式
12 月 19 日	12:00～12:40	五里沖——興盛大酒店	乘車
	12:40～13:40	興盛大酒店	午餐‧住宿
	14:00～18:00	蒙自西南聯大舊址、南湖	考察
	18:00～19:00	紅河學院雅莊賓館餐飲廳	紅河學院人文學院安排晚餐
12 月 20 日	7:20～8:00	興盛大酒店	早餐
	8：00～9：00	蒙自——建水團山古鎮	乘車
	9:00～11:30	建水團山古鎮	考察
	11:30～12:00	團山古鎮——建水	乘車

	12:00～13：00	建水國泰大酒店	午餐
	13:30～16:30	建水文廟、朱家花園	考察
12 月 20 日	17:00～18:00	建水國泰大酒店	晚餐
	18:00 以後	建水夜市	考察
12 月 21 日	7:00～7:40	建水國泰大酒店	早餐
	8:00～11:30	建水——昆明機場	乘車、送站

二、與會人員

李　怡：北京師範大學、四川大學教授

劉福春：中華文史學會常務副會長、中國社科院文學研究所研究員

董之林：《文學評論》編輯部主任、中國社科院研究員

范智紅：《文學評論》編輯部、中國社科院研究員

宋　媛：《北京師範大學學報》編輯部、副研究員

尹　富：《社會科學研究》編輯部、四川省社科院研究員

劉曉紅：《成都大學學報》編輯部

顏同林：貴州師範大學文學院教授

馬紹璽：雲南師範大學文學院教授

蔣德均：宜賓學院教授、四川思想家研究中心主任

謝明香：成都信息工程學院教授

周維東：四川大學文學與新聞學院副教授

張武軍：西南大學文學院副教授

盧　軍：聊城大學文學院副教授

張　霞：西華師範大學文學院副教授

卓　瑪：青海民族大學副教授

楊華麗：綿陽師範學院文學與對外漢語學院副教授

王玉春：大連理工大學人文學院副教授

胡昌平：塔里木大學人文學院副教授

袁　莉：四川師範大學文學院講師　四川大學在站博士後

孫擁軍：河南理工大學講師

彭　超：西南民族大學文學與新聞傳播學院講師

湯巧巧：西南民族大學文學與新聞傳播學院講師

秦　芬：廣西師範大學灘江學院中文系講師

鄔冬梅：四川綿陽師範學院文學與對外漢語學院講師

王　琳：四川師範大學文學院講師

〔韓〕白貞淑：北京師範大學文學院博士生

謝君蘭：北京師範大學文學院博士生

任冬梅：北京師範大學文學院博士生

劉　佳：北京師範大學文學院博士生

袁少沖：北京師範大學文學院博士生

李　哲：四川大學文學與新聞學院博士生

李金鳳：四川大學文學與新聞學院博士生

王永祥：四川大學文學與新聞學院博士生

李直飛：四川大學文學與新聞學院博士生

黃　菊：四川大學文學與新聞學院博士生

安學斌：紅河學院副校長、教授

張燦邦：紅河學院校長助理、教授

路　偉：紅河學院人文學院教授、院長

張永傑：紅河學院人文學院教授、教務副處長

朱　明：紅河學院人文學院副教授

馮靜潔：紅河學院人文學院副教授

王　秋：紅河學院人文學院副教授

王凌虹：紅河學院人文學院副教授

沈　慧：紅河學院人文學院講師

布小繼：紅河學院人文學院講師

三、學術會議研討議程

（一）12 月 18 日 9：00～9：40 開幕式　　　主持人：路偉

1、紅河學院安學斌副校長代表學校致歡迎辭

2、李怡教授代表四川大學現代中國文學與文化研究中心和西川論壇組委
　　會致辭

3、劉福春研究員代表中華文史學會致辭

4、《文學評論》編輯部主任董之林致辭

5、各位與會代表合影

（二）12 月 18 日 10：00～12：30　　研討會第一場　問題與方法
　　（每人發言不超過 12 分鐘，評議／討論不超過 30 分鐘）

順序	單　位	發言人	論文題目	主持人	評議人	討論地點
1	四川思想家研究中心	蔣德均	何以為生或何以能生？——以民國時期文化人的經濟活動為例	董之林　路　偉	顏同林　張　霞　張武軍	雅莊賓館大會議室
2	綿陽師範學院文學與對外漢語學院	楊華麗	中國現代文學研究的民國經濟視野——兼及對舊經濟方法論的檢討			
3	聊城大學文學院	盧　軍	邵洵美的經濟生活與文學選擇			
4	四川大學文新學院	李　哲	經濟‧文學‧歷史——《春蠶》文本的三個維度			
5	塔里木大學人文學院	胡昌平	民國時期新疆經濟政策與文學發展			
6	雲南師範大學文學院	馬紹璽	邊地風景與詩歌的現代性問題——西南聯大詩歌中繁複的春之體驗			
7	四川大學文新學院	周維東	民國時期傳媒與學院文化良性互動的社會根源			
8	紅河學院人文學院	布小繼	1930 年代國民黨南京政府的農村經濟政策與小說敘述——以茅盾、葉紫等左翼作家為中心			

（三）12 月 18 日 14：00～15：30　研討會第二場　歷史中的文學
（每人發言不超過 10 分鐘，評議／討論不超過 20 分鐘）

順序	單位	發言人	論文題目	主持人	評議人	討論地點
1	四川師範大學文學院	王　琳	論晚清民初公案俠義小說與出版業的互動效應	范智紅 馮靜潔	盧　軍 蔣德均 胡昌平	雅莊賓館大會議室
2	大連理工大學人文與社會科學學部	王玉春	「五四」生存語境的詮釋與重構——兼論陳明遠《文化人的經濟生活》			
3	綿陽師範學院文學與對外漢語學院	鄔冬梅	民國經濟危機與 30 年代經濟題小			
4	西華師範大學文學院	張　霞	政治權力場域與中國左翼			
5	西南大學文學院	張武軍	戰時經濟與文學創作轉型			
6	四川大學文新學院	黃　菊	抗戰時期文協經濟狀況考察			

（四）12 月 18 日 15：40～18：00 研討會第三場　博士生論壇
（每人發言不超過 10 分鐘，評議／討論不超過 20 分鐘）

順序	單位	發言人	論文題目	主持人	評議人	討論地點
1	四川大學文學與新聞學院	李直飛	從「經濟轉型」到「心態轉型」——以 1910～1911 的《小說月報》作者群爲中心	周維東 宋媛	謝明香 徐江 楊華麗 劉福春	雅莊賓館大會議室
2	北京師範大學文學院	任冬梅	《駱駝祥子》與民國一二十年代的農村經濟——從經濟角度探討祥子背棄鄉村的原因			
3	四川大學文學與新聞學院	李金鳳	郭沫若的經濟生活與他的文學創作——以早期創作（1918～1926 年）爲例			

順序	單位	發言人	論文題目	主持人	評議人	討論地點
4	四川大學文學與新聞學院	王永祥	由文化商品到學術經典的轉化——以《中國新文學大系》（1917～1927）爲例			
5	北京師範大學文學院	劉佳	製造「富人」——從《子夜》到《李有才板話》			
6	北京師範大學文學院	袁少沖	「京派」美學追求中的經濟因素			

（五）12月19日8：30～10：00 研討會第四場 作家、傳媒與經濟
（每人發言不超過10分鐘，評議／討論不超過20分鐘）

順序	單位	發言人	論文題目	主持人	評議人	討論地點
1	貴州師範大學文學院	顏同林	經濟敘事與現代左翼小說的偏至			
2	廣西師範大學灕江學院中文系	秦芬	利益與詩意的交織——論邵洵美20世紀二三十年代文學生產活動			
3	北京師範大學文學院	（韓）白貞淑	20年代都市女性的經濟地位與女性	尹富盧軍	彭超袁莉湯巧巧	龍谷湖茶莊
4	成都信息工程學院	謝明香	《新青年》廣告傳播及其媒介價值			
5	北京師範大學文學院	謝君蘭	汪文宣的生活困境			
6	河南理工大學文法學院	孫擁軍	家（族）長身份的無奈變移：——以民國經濟與政治的關係爲視角解讀《寒夜》			

（六）12月19日10：10～11：40 研討會第五場 文學經濟及其他
（每人發言不超過10分鐘，評議／討論不超過20分鐘）

順序	單位	發言人	論文題目	主持人	評議人	討論地點
1	青海民族大學漢文系	卓瑪	茶馬互市經濟與湟源新學詩	顏同林王凌虹	馬紹璽孫擁軍	龍谷

					王琳	湖茶莊
2	西南民族大學文學與新聞傳播學院	彭超	民國文學之於現代文學的意義——以新詩運動中的四川詩人為例			
3	四川師範大學文學院	袁莉	從「娜拉」到「鐵姑娘」：民國女性形象的塑造與演變			
4	四川大學文學與新聞學院	朱姝	國語運動之「統一國音」小議			
5	四川音樂學院藝術傳播系	徐江	朝霞叢刊作家群的風格嬗變			
6	西南民族大學文學與新聞傳播學院	湯巧巧	小資本與大「創造」——泰東圖書局與創造社			

（七）12月19日11：50～12：20　閉幕式　　主持人：布小繼

1、蒙自四通泰興供水有限公司余總經理　　致辭

2、尹富　學術感言

3、范智紅　學術感言

4、西川論壇組委會代表　周維東　答謝辭

5、路偉　歡送辭

四、研討會組委會

主任：李怡（論壇主席）　路偉（紅河學院人文學院教授、院長）

執行主任：布小繼（（紅河學院人文學院講師／論壇組委會成員）

委員：張永傑（紅河學院人文學院教授）

王凌虹（紅河學院人文學院副教授）

馮靜潔（紅河學院人文學院副教授）

周維東（四川大學文學與新聞學院副教授／論壇組委會成員）

黃　菊（西南大學講師／論壇組委會成員）

顏同林（貴州大學文學院教授／論壇組委會成員）

霍俊明（北京教育學院副教授／論壇組委會成員）

王玉春（大連理工大學副教授／論壇組委會成員）

盧　軍（聊城大學文學院副教授／論壇組委會成員）

張武軍（西南大學文學院副教授／論壇組委會成員）

楊華麗（綿陽師範學院副教授／論壇組委會成員）

孫擁軍（河南理工大學講師／論壇組委會成員）

湯巧巧（西南民族大學文學院講師／論壇組委會成員）

謝君蘭（北京師範大學文學院博士生）

五、會務工作人員

1、黃菊（總協調，房間分配、與旅遊點接洽等）13983446676

2、袁少沖（機場接站負責人）15210996033

3、李哲（接站、會間即席照相）18602892375

4、任冬梅（會場名牌布置等）13488677173

5、王永祥（會場名牌布置等）13699483070

6、謝君蘭（大巴車及旅遊期間清點人數）18810558554

7、李直飛（負責大巴和旅遊清點人數，接站等）13982049737

8、李金鳳（會議綜述／報導／接站等）15828109496

後　記

　　我們的「民國文學機制」研究計劃，有著一系列豐富的課題，「民國經濟與文學」就是其中之一。因為這個課題，才有了「西川同人」彙聚西南聯大舊址的機會。蒙自的三天，洋溢著單純的學術激情和溫馨的同人友誼，但願這樣的記憶能夠長久地銘刻在我們的腦際，成為我們度過體制化、功利化時代的一種力量。

　　作為《民國文化與文學學術年刊》的第一輯，本書彙編了蒙自討論的代表性論文，按照會議當時的討論分組分作組。所謂「代表性」，就是在論題上與我們設定的主題相關。由於各種原因，提交蒙自討論的論文並不都遵循了先前的主題，當中不乏優秀之作，不過，鑒於我們研究的統一要求，也不得不忍痛割愛了。

　　蒙自會議，得到了《人民日報》、《光明日報》、《中華讀書報》、《文藝報》、《中國社會科學報》的關注，會議論文更先後有機會在《文學評論》、《山東師範大學學報》、《海南師範大學學報》、《成都大學學報》及其他報刊問世，這對我們的思考無疑是莫大的鼓勵。

　　黃菊女士為研討會籌備和論文編輯做了大量工作。

　　感謝布小繼先生為研討的順利舉行所付出的辛勤工作，感謝不辭辛勞，千里赴會的劉福春先生、董之林女士、范智紅女士、尹富先生、宋媛女士，尤其范智紅女士，還專門在後發來了熱情而睿智的感言，精短的文字飽含了一位優秀學人的深刻與嚴謹編輯的智慧，感謝臺灣花木蘭文化出版社為我們論集出版提供機會，希望我們的《民國文化與文學學術年刊》由此獲得一個好的開頭，在不久的將來繼續推出厚重的第二輯、第三輯……

　　願我們的西川同人繼續在「民國文化與文學研究」的道路上取得紮實的成果。

李　怡　二〇一二年四月五日